Malcolm Hillier

Gestalten mit
Trockenblumen

Dekorative Gestecke, Sträuße und Gebinde

Für Peter Day

Sonderausgabe für Gondrom Verlag GmbH & Co. KG, Bindlach 1995
© 1988 Mosaik Verlag GmbH, München
ISBN 3-8112-1078-5

Inhalt

Einleitung

Seit meiner frühesten Kindheit bin ich ganz versessen auf Blumen und Pflanzen, und ich wundere mich immer noch, daß aus Samenkörnern, die sich der Größe nach kaum voneinander unterscheiden, solch eine außerordentlich große Vielfalt von unterschiedlichen Blumen entstehen kann. Wie ist es möglich, daß die eine Pflanze Blätter von wenigen Millimetern Länge besitzt, während die Blätter einer anderen über zwei Meter lang werden? Ich will es lieber gar nicht wissen, damit es für mich seinen Zauber nicht verliert.

Die Beschäftigung mit Blumen ist eine der schönsten Erfahrungen, die man machen kann. Jede Jahreszeit bringt neue Spannung. Selbst an den trübsten Wintertagen bekommt meine Zimmerdecke durch aufgehängte Trockenblumensträuße neuen Glanz. Draußen verkündeten die ersten Christrosen und Winterjasminpflanzen bereits das neue Jahr. Der Frühling gewinnt mit seinen überraschenden klaren Gelb- und den üppigen Blautönen an Tempo, und dann breitet sich plötzlich eine warme Stille aus, und die ersten Päonien und Rosen erfüllen den Frühsommergarten mit Wohlgeruch. Dann ist es wieder an der Zeit, mit den Vorbereitungen für das Trocknen all jener herrlichen Blumen zu beginnen.

Freude an getrockneten Blumen

Eine ungeheuer große Zahl von Pflanzen kann so konserviert werden, daß sie ihre Frische, ihre leuchtenden Farben und ihre Formen beibehalten. Es ist wundervoll, wenn man den Sommer einfangen kann, vielleicht in der Form einer vollerblühten Päonie oder mit einer makellosen Rose, von der man weiß, daß sie auch im Winter noch die Erinnerungen an herrlich faule Tage voll Sonnenschein weckt. Päonien und Rosen, seien es die süßduftend gelben oder die intensiv roten, liefern nur die ersten Sommerblüten und Blätter zum Konservieren. Daneben gibt es Kornblumen, Jungfer im Grünen, die langen creme- und rosafarbenen Halme des Scheingeißbart und die sogar noch höheren Rittersporne in allen Farben des Regenbogens.

Der Wohlgeruch getrockneter Blumen

Ich liebe den Duft des Sommers. Mehr als jeder andere Sinn kann der Geruchssinn für mich die schönsten Erinnerungen wecken. Lavendel und Schafgarbe, große würzige Lilien, silberne aromatische Beifußblätter, Farne, die zwischen Steinen wachsen, wobei ihr frischer Geruch dicht über dem Boden schwebt, oder Rosen – sie alle werden auch noch getrocknet einen Raum mit ihren Düften erfüllen. Sie rufen wunderschöne Erinnerungen an den Hochsommer wach, zum Beispiel an einen Gartenweg, der zwischen blumenreichen Beeten zu einem Bach mit grünen Ufern führt. Im Herbst hängt die Zimmerdecke wieder voll mit trocknenden Pflanzen in allen Farben des Regenbogens: herbstbunte Blätter, Waldrauch, Hortensien, Lampionblumen, Samenköpfe und letzte Rosen.

Der Trockenprozeß

Ich trockne meine Pflanzen am liebsten an der Luft, indem ich sie in Bündeln an die Wand oder an die Zimmerdecke hänge. Während sie trocknen, dienen sie so schon als Dekoration. Oft genug sind sie zu schön, um sie wieder abzuhängen. Natürlich gibt es auch andere Methoden, das Pflanzenmaterial zu konservieren. Manche verwenden verschiedene künstliche Trockenmittel wie Sand und Silika-Gel, Alaun oder auch Borax, um die Feuchtigkeit aus den Blumen herauszuziehen. Andere wiederum pressen ihre Blumen lieber in einem Buch oder einer Presse. Blätter der Buche oder des Eukalyptus können mit Glyzerin konserviert werden, und schließlich gibt es eine ganze Menge eßbarer Blumen und Blätter, die man mit Zucker, Gummiarabikum oder Eiweiß kandieren und als Dekoration für Kuchen und Kekse verwenden kann.

Das Arrangieren von Trockenblumen

All dies ist nur der Anfang. Denn nun kommt der schönste Teil der Arbeit: die Kombination aller getrockneten Elemente. Man überlegt, welches Arrangement am besten aussieht, wählt den Behälter aus und stellt interessante Kollektionen in aufregenden Formen, Farben und Strukturen zusammen. Auf dem Hintergrund meiner langjährigen Erfahrung glaube ich sagen zu können, daß das Arrangieren eine therapeutische Wirkung hat: die Zeit, alle Sorgen und Nöte, jeder Druck ist vergessen, und man empfindet nur noch die schlichte Freude an der Arbeit mit den Blumen. Für mich wird das immer ein kleines Wunder bleiben.

Ein Farnstrauß
In dieser wunderschönen chinesischen Kupferschale wurden gepreßter Königs- und Frauenfarn, Blätter von Funkie und Mahonie, mit Trockenmittel bearbeitete Christrosen, luftgetrocknete Zweige mit Zapfen sowie einige Zwergrosen zu neuem Leben erweckt.

GRUNDREGELN
DES
ARRANGIERENS

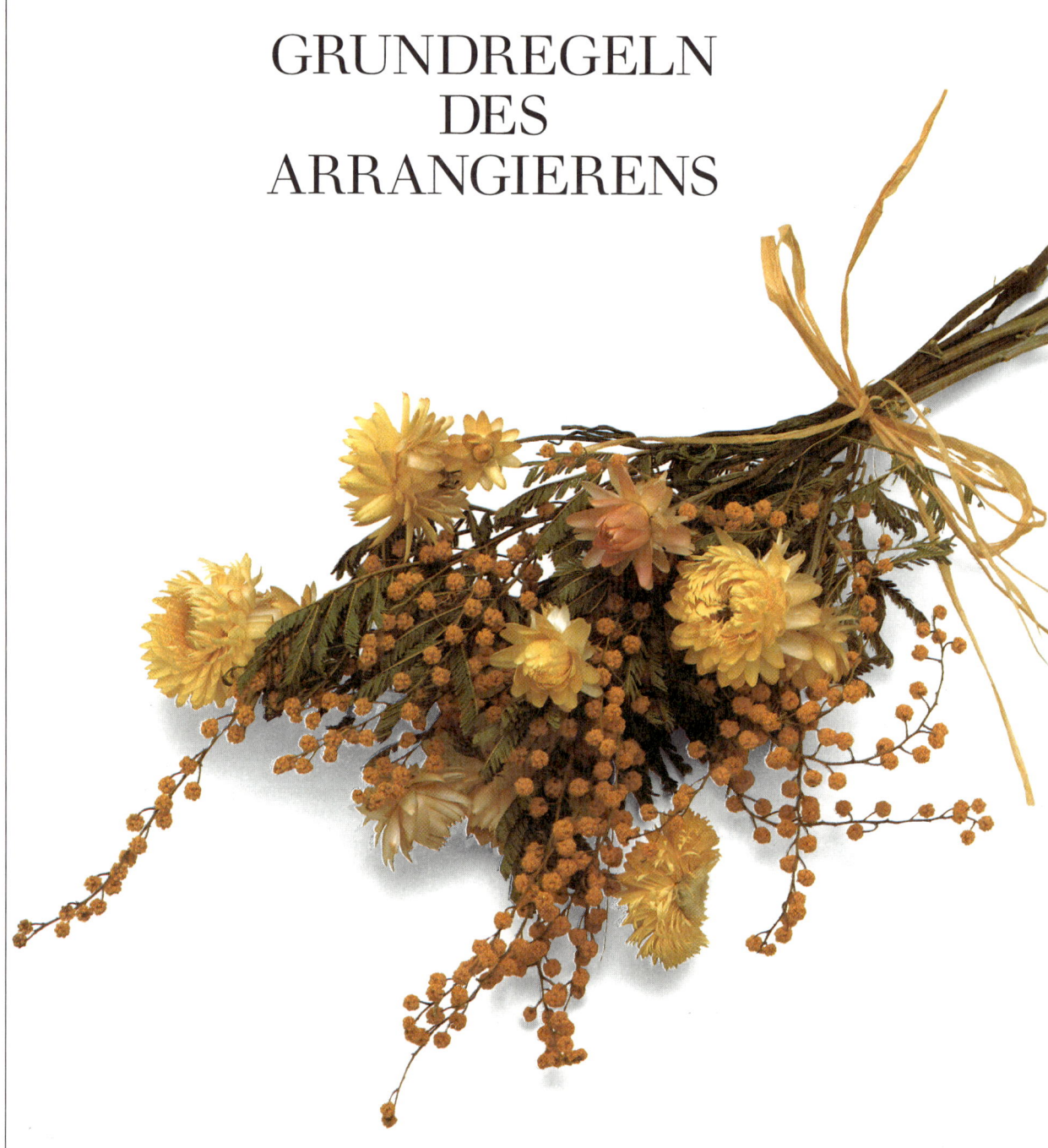

Ein frühlingshaftes Sträußchen aus *Helichrysum bracteatum*
und *Acacia decurrens dealbata*.

Ein Blumenarrangement besteht aus einer großen Menge getrockneter bzw. frischer Pflanzen. Das weitaus wichtigste Element bei der Komposition eines Arrangements ist jedoch die kreative Arbeit. Ähnlich wie beim Essen haben wir alle unsere eigenen Vorlieben für Formen, Farben, Strukturen und Muster, und es bestehen für das Arrangieren von Trockenblumen keine festen und unumstößlichen Regeln. Allerdings gibt es ein paar Richtlinien, an die man beim Entwurf eines Arrangements denken sollte.

Man kann Gestecke in mehrere Kategorien einteilen. Da wäre zunächst das einfachste Arrangement überhaupt — eine Anzahl von Blumen wird zu einem Strauß oder Bukett gebündelt. Dann gibt es die etwas kunstvolleren Arrangements, die keine spezielle Vase benötigen, zum Beispiel Trauerkränze, Blumenranken, Girlanden oder Kränzchen für Braut und Brautjungfer. All diese Arrangements werden auf einen Rahmen gesteckt, der aus einem einzelnen Draht, wie beim Kopfschmuck, oder auch aus einer moosgefüllten Röhre aus Kükendraht, wie beim Trauerkranz, bestehen kann. Schließlich gibt es noch die Arrangements in besonderen Behältern. Körbe, Schalen, Urnen, Schüsseln, Kästen, Krüge oder Vasen in unzähligen Formen, Farben, Strukturen und Größen können dazu verwendet werden, getrocknetes Pflanzenmaterial aufzunehmen.

Was kann man zur Form sagen? Die Form des Arrangements sollte kräftig und klar definiert, die Rundungen großzügig und die Linien deutlich sein, auch wenn sie durch die natürlichen Formen des Pflanzenmaterials teilweise verdeckt werden. Die Gesamtform des Arrangements darf nicht gedrängt wirken, weder allein für sich noch an seinem späteren Platz. Die Grundregeln der farblichen Gestaltung sind schwieriger festzulegen. Jede Blume kann in der geeigneten Kombination wunderschön aussehen. Allerdings sollte man keine Arrangements zusammenstellen, die farblich nicht zueinander passen, zum Beispiel aus Blumen, deren Farben im Spektrum sehr dicht beieinander liegen. In Bezug auf die Struktur ist es interessant, unterschiedliche Formen zueinander in Kontrast zu sehen.

Die Zutaten

Mindestens achtzig Prozent aller Blumen, Blätter und Samenköpfe können konserviert werden und stellen eine riesige Vielfalt an Pflanzenmaterial bereit. Das Leben der Pflanzen wird durch Konservierung um mindestens ein Jahr verlängert, unabhängig davon, welche Konservierungstechnik – Trocknen an der Luft, Pressen, chemische Trockenverfahren oder die Konservierung mit Hilfe von Glyzerin – man wählt. Natürlich lassen sich einige Pflanzen besser trocknen als andere: Chrysanthemen, Gartennelken und die meisten Knollengewächse eignen sich überhaupt nicht zum Trocknen.

Geeignete Pflanzen zum Trocknen

Die erste Stelle in den Blumenarrangements nimmt die Rose ein. Sie ist in der ganzen Welt verbreitet und zugleich doch eine ganz besondere Pflanze. Glücklicherweise läßt sie sich sehr gut trocknen. Hybride Teerosen kann man leicht an der Luft trocknen (siehe S. 94) und dabei ihre Farbe sehr gut erhalten, während einfach blühende oder offene, gefüllte Rosen auf chemische Weise mit Silika-Gel, Borax oder Sand getrocknet werden (siehe S. 100). Rittersporn, die meisten Arten der Schafgarbe und Hortensien in all ihren Farbtönen sind in getrocknetem Zustand außerordentlich anziehend, wobei die blauen und weißen Hortensienblüten schwieriger zu trocknen sind als die rosafarbenen und roten. Auch *Alchemilla mollis*, Schleierkraut, alle bekannten Arten der Strohblume, Zwiebelblüten, Samenköpfe und Statice sehen nach dem Trocknen bezaubernd aus und sind deshalb von unschätzbarem Wert für den Blumenfreund.

Duftende Blumen, die sich zum Trocknen eignen

Außerdem gibt es süßduftende Blumen wie den Lavendel. Er muß auf jeden Fall ungefähr vier Tage vor dem Öffnen der Blüten geschnitten und zum Trocknen aufgehängt werden; pflückt man ihn später, fallen die Blüten während des Trocknens ab. Noch Monate nach dem Trocknen verströmt er seinen betörenden Duft. Auch die Mimose behält nach dem Trocknen ihren Wohlgeruch. Päonien und Rosen bewahren ebenfalls ihren Duft, obwohl ihr Parfüm schwerer faßbar ist. Die feinen rostfarbenen Blüten und Blätter des Majoran lassen sich gut trocknen: Schmücken Sie doch einmal ein Arrangement mit ein paar Zweigen dieses Krauts und verleihen Sie ihm so einen besonderen, nachhaltig aromatischen Duft.

Zum Trocknen geeignete Blätter und Samenkapseln

Die meisten Blumenarrangements benötigen Blattwerk als Hintergrund für die Blüten. Muschelblumen, die meisten Eukalyptussorten, Blätter der Blutbuche und Efeu können mit Hilfe von Glycerin konserviert werden (siehe S. 102). Sie können die Eukalyptusblätter aber auch aufhängen und an der Luft trocknen. Fast alle Blätter lassen sich pressen (siehe S. 98). Farne und die Blätter von Buche, Eiche, Ahorn und Pappel eignen sich dazu besonders gut. Sie können sie im Hochsommer pflücken, wenn die reiferen Zweige noch grün sind, oder im Herbst, wenn die Blätter in besonders schönen Rot-, Rost-, Gold- und Gelbtönen leuchten.

Viele Samenkapseln trocknen ohne äußere Einwirkung einfach an der Pflanze, aber wenn Sie besonders schöne Exemplare haben möchten, sollten Sie sie dann pflücken, wenn sie gerade reif sind und bevor sie durch Wettereinflüsse beschädigt werden. Mohnblumen, Jungfer im Grünen, Mais, die Samenköpfe von Gräsern und Getreiden sowie Tannenzapfen lassen sich problemlos trocknen. Lagern Sie sie einfach an einem kühlen, trockenen Ort. Rohrkolben und Pampasgras müssen gepflückt werden, bevor die Samen reifen und auseinanderfallen. Man sollte sie vorsichtshalber mit Haarspray fixieren. Mit leuchtendem Rot besprühte Mohnkapseln sehen wunderhübsch aus, und Tannenzapfen in funkelndem Silber sind wahre Blickfänger (siehe S. 107).

Gelbe Rose
Rosa
'Golden Times'

Rosafarbene Rose
Rosa
'Silva'

Rote Rose
Rosa
'Christian Dior'

Königsfarn
Osmunda regalis

Besenkraut
Kochia sp.

**Großblättrige
Hortensie**
*Hydrangea
macrophylla*

Eukalyptus
*Eucalyptus
pauciflora
nana*

**Schmalblättriger
Rohrkolben**
*Typha
angustifolia*

Buche
Fagus sylvatica

Kolbenmais
Zea mays

Waldrebe
Clematis vitalba

Muschelblume
*Moluccella
laevis*

Leptospermum
Leptospermum sp.

Rote Zwergrose
Rosa cv.

Kugeldistel
Echinops bannaticus

Rosa Schafgarbe
Achillea millefolium
'Cerise Queen'

Rittersporn
Delphinium ajacis

Meerlavendel
Limonium suworowii

Echter Hahnenkamm
Celosia argentea cristata

Gemeine Immortelle
Xeranthemum annuum

Fuchsschwanz
Amaranthus hybridus

Lavendel
Lavandula angustifolia

Hängendes Leinkraut
Silene pendula

Pompondahlie
Dahlia cv.

Silberdistel
Carlina acaulis

Mimose
Acacia pravissima

Pompondahlie
Dahlia
'Glorie van
Heemstede'

Dill
*Anethum
graveolens*

Purpurskabiose
Scabiosa atropurpurea
'Tom Thumb'

Sandimmortelle
oder
Papierknöpfchen
Ammobium allatum

Sonnenstrahl
Helipterum cotula

Majoran
Oreganum dictamnus

Sonnenstrahl
Helichrysum milfordiae

Gartenstrohblume
Helichrysum bracteatum

Hilfsmittel Draht

Bevor man ein Arrangement aus getrockneten Blumen oder Blättern beginnt, ist es häufig nötig, die Blütenköpfe, Blätter oder Samenkapseln mit Draht zu stützen. Vielleicht müssen Sie zerbrechliche Stengel verstärken, Stiele verlängern oder überhaupt erst anbringen, wie zum Beispiel bei Tannenzapfen. Für diese Zwecke ist Blumendraht ideal, obwohl man bei einer Pflanze mit einer besonders schweren Blüte eventuell auch Peddigrohr verwendet. Wählen Sie einfach den Blumendraht passend zur Dicke und Stärke des Stengels. Sie können den Draht in einen hohlen Stiel hineinschieben oder die Stengel mit dünnem Rosendraht fest umwickeln. Zum Schluß läßt sich der Draht mit Blumenband oder Guttapercha-Band kaschieren.

Drahtverstärkung für Blütenköpfe
Sie benötigen dazu eine Floristenschere, mittelstarken Blumendraht in der erforderlichen Länge und eine Rolle feinen Rosendraht. (Legen Sie die Rolle in eine Tasse, damit sie sich nicht abrollen kann.)
1 Schneiden Sie die zerbrechlichen Stiele ungefähr 3,5 cm unterhalb des Blütenkopfes ab und legen Sie sie beiseite. Halten Sie dann den Blumendraht so an den Blütenstiel, daß das Drahtende die Blütenbasis berührt. Wickeln Sie etwas Rosendraht von der Rolle ab.

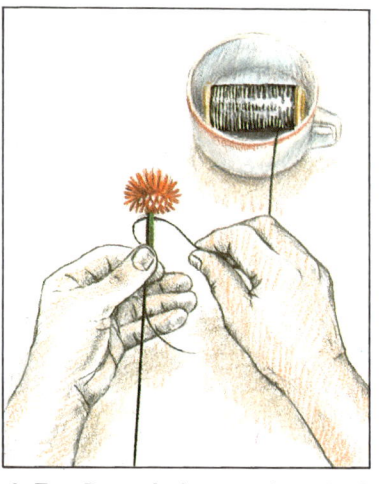

2 Den Rosendraht einmal um Stiel und Blumendraht wickeln, bis zur Blüte führen und dort umbiegen.

3 Stengel, Blumen- und Rosendraht bis etwa 7,5 cm unterhalb der Blüte umwickeln. Das Drahtende nach innen drehen.

Bei schweren Blüten nimmt man statt des Blumendrahtes Peddigrohr und statt des Rosendrahtes mittelstarken Blumendraht.

Verlängern eines hohlen Stiels

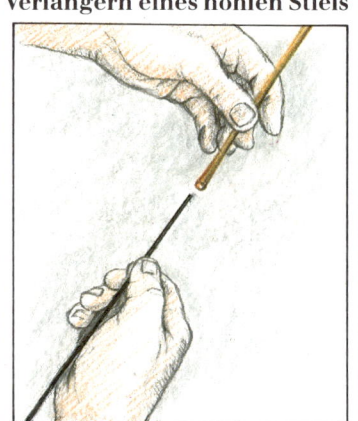

Schieben Sie einen Blumendraht 5–7,5 cm weit in den Stiel hinein, bis er völlig festsitzt.

Andrahten von Zapfen

Sie benötigen dazu extra-starken Blumendraht, den Sie auf eine passende Länge zuschneiden, und eine Zange.

1 Schieben Sie den Blumendraht zwischen den unteren Schuppen des Zapfens hindurch, bis er 5 cm übersteht.

2 Wickeln Sie das Drahtende um den Zapfen.

3 Verdrehen Sie dann zur Sicherung die Drahtenden miteinander. Schneiden Sie das kurze Ende mit der Zange ab. Der lange Draht bildet den Stiel und sollte in der Mitte unter dem Zapfen beginnen.

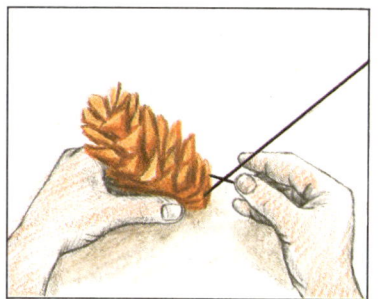

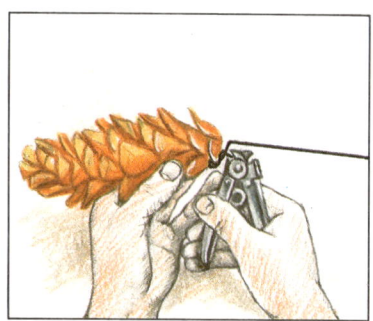

Zusammenbinden mehrerer Stengel

1 Pressen Sie ein Stück mittelstarken Blumendraht gegen die Stengel und richten Sie die Enden aus. Mit der anderen Hand biegen Sie den Draht 5 cm über den Enden um die Stengel.

2 Wickeln Sie das lange Ende des Blumendrahtes um die Stengel und das kurze Drahtende, bis Sie die Unterkante der Stengel erreicht haben. Der übrige Draht bildet eine Verlängerung der Stengel und kann in geeigneter Länge abgeschnitten werden.

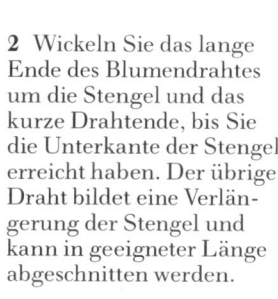

Kaschieren des Drahtes

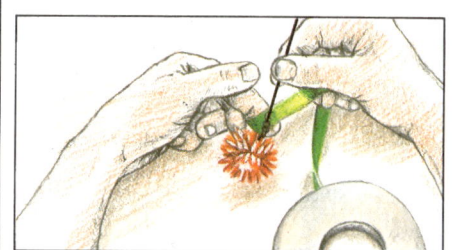

1 Legen Sie das Ende einer Rolle Blumenband in einem Winkel von 45 Grad zum angedrahteten Stengel.

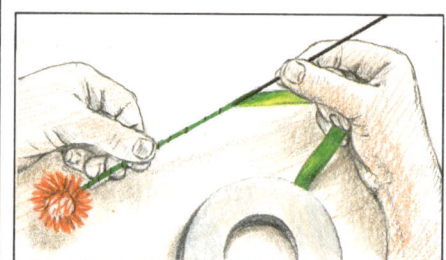

2 Drehen Sie den Draht so zwischen den Fingern, daß sich das Band spiralförmig um den Stengel wickelt.

Einfache Arrangements

Buketts und Sträuße sind nicht nur die einfachsten Gebinde, die man mit Trockenblumen anfertigen kann, sondern auch wunderschöne Geschenke. Buketts haben eine abgeflachte Rückseite und bestehen aus einem fächerförmigen Bund von Blüten, Blättern und Samenköpfen. Sie werden mit einem Draht fest zusammengebunden, der dann mit Bändern oder Raffiabast kaschiert wird und den unteren Teil der Stengel frei sichtbar läßt. Sträuße dagegen besitzen einen kreisförmigen Kopf aus Blüten. Sie können sehr formell arrangiert werden, wie es zu viktorianischen Zeiten beliebt war, aber durchaus auch in etwas freierem Stil.

Buketts

Die Auswahl von getrocknetem Pflanzenmaterial für ein Bukett ist eine einfache Angelegenheit: Fast alle Blumenkombinationen sehen sehr ansprechend aus. Entscheidend bei Ihren Arrangements ist, daß Sie die Proportionen wahren. In einem kleinen Bukett, wie unten zu sehen, dürfen die Blüten nicht zu groß sein. Und wenn Sie Blätter in Ihr Arrangement einbeziehen, sollten auch diese eher klein sein. Darüber hinaus sollte ihre Form, Farbe und Struktur als Hintergrund der Blüten dienen und deren zarte Schönheit betonen.

Bei der Auswahl getrockneter Blumen stehen Ihnen alle Farben des Regenbogens zur Verfügung, und das Pflanzenmaterial kann in einer unendlichen Vielfalt miteinander kombiniert werden. Gemischte Bündel wirken immer anziehend und natürlich. Sie können Trockenblumenbündel kaufen und zu vielfach gemischten Buketts zusammenstellen. Aber auch wenn Sie sich auf Pflanzen beschränken, die Sie selbst gezüchtet und getrocknet haben, werden Sie damit eine große Bandbreite von Kombinationen herbeizaubern können.

Wenn Sie ein Bukett binden, beginnen Sie immer mit dem längsten Stiel und plazieren ihn in der Mitte. Fächern Sie dann die Blumen von der Mitte aus auf, wobei sich deren Stengel an der Stelle überlappen müssen, an der später der Bindeknoten sitzen wird. Sie sollten darauf achten, daß sich einige Blüten und Blätter zur Schleife hinabneigen, um zu verhindern, daß später oberhalb des Knotens kahle Stengel zu sehen sind. Verwenden Sie für die Schleife entweder ein Band, eine farbige Schnur oder etwas Raffiabast und denken Sie daran, die Stengel fest zusammenzubinden, so daß keiner herausfallen kann und die Blumen in ihrer Position bleiben. Schließlich beschneiden Sie die Stiele zu einer »V«-Form.

Sträußchen

Sträußchen sind etwas schwieriger anzufertigen. Sie bestehen aus getrocknetem Material, das Stück für Stück möglichst mit Bindedraht befestigt wird, um so ein Gesamtarrangement mit einem runden Kopf zu erzielen. Auch hier ist der richtige Maßstab sehr wichtig, und die Balance zwischen kugeligen Blüten und stachligem Material ergibt ein interessantes und attraktives Sträußchen.

Wenn alle Blumen befestigt sind, sollten Sie mit einem Band oder mit Bast eine zum Arrangement passende Schleife binden. Die Schleife kann den Draht kaschieren, sie kann ihn aber auch ganz ersetzen. Wenn sie einmal in Position ist, können Sie vorsichtig den überstehenden Draht wegschneiden.

Ein kleines exquisites Bukett ist ein hübsches Geschenk.

Wildes Sträußchen
Rosa 'Golden Times', Mimosenblüten, zitronengelbes *Helichrysum bracteatum* und *H. angustifolium*, cremefarbene Skabiose und knospende Goldrute platzen förmlich aus diesem wilden Sträußchen hervor (links). Es wird von einer Filigranarbeit aus Tillandsia romantisch umschlossen.

Einfaches Bukett
Tiefrote Rosen werden durch das Schleierkraut 'Bristol Fairy' wunderhübsch ergänzt (unten).

Formelles Sträußchen
Hier wurden Majoran, kleine Kugeldisteln, Purpurskabiose und blauer Meerlavendel auf einem Untergrund aus grünlichblauen Hortensienblüten arrangiert (links).

Arrangements in Gefäßen

Wenn sie über einen Entwurf für ein Blumenarrangement nachdenken, haben die meisten Leute eher ein Arrangement in einem Gefäß im Sinn als eine Girlande, einen Kranz oder ein Bäumchen aus Trockenblumen. Vielleicht sind Gebinde in Schalen oder Vasen deshalb so populär, weil sie weniger Vorbereitung benötigen als ein Arrangement mit einem Grundrahmen. Vielleicht sind es auch die mannigfaltigen Möglichkeiten, die sich für Arrangements in Gefäßen anbieten. Wie auch immer: Es kann nicht bestritten werden, daß sich in Schalen oder Körbchen wunderschöne und ausgefallene Arrangements gestalten lassen, wenn man die Proportionen, Formen, Farben und Strukturen sowohl der Pflanzen als auch des Behälters sorgfältig in Betracht zieht.

Planung des Arrangements

Beim Entwurf für ein Arrangement in einem Gefäß ist es sehr wichtig, darauf zu achten, daß sich Pflanzenmaterial und Gefäß ergänzen und zu einer eigenen und neuen Identität verbinden. In einem gelungenen Arrangement sollten Pflanzen und Behälter so aufeinander abgestimmt sein, daß es unmöglich ist, sich die Blumen, Blätter und Samenköpfe ohne den Behälter vorzustellen und umgekehrt.

Außerdem sollten sich nicht nur Arrangement und Behälter natürlich miteinander verbinden, sondern beide müssen auch zum ausgewählten Standort passen. Deshalb sollte man beim Entwurf nicht nur das Pflanzenmaterial und das Gefäß, sondern in gleicher Weise auch den Standort berücksichtigen. Normalerweise ist es am besten, zuerst den geeigneten Platz für das Arrangement auszuwählen. Erst danach sollten Sie mit Blick auf die Farben und Muster von Wand, Teppich, Gardinen und Möbelstoffen das hierzu passende Gefäß auswählen.

Auswahl des Gefäßes

Trockenblumen wirken meist in Gefäßen mit einem natürlichen Aussehen am besten. Ihre Farben sind im Vergleich zu frischen Blumen eher gedämpft und sehen daher in Körben, Steingut-, Terrakotta-, Holz- und Steinbehältern besonders ansprechend aus. Wenn Sie eine Porzellanvase verwenden wollen, sollten Sie eher ein einfacheres Stück mit matter Oberfläche und besser rundem als eckigem Muster auswählen.

Falls Sie Ihr eigenes Pflanzenmaterial trocknen, wird die Auswahl, die Sie gezogen oder als frische Blumen gekauft haben, Ihre Behälterwahl beeinflussen. Da aber mehr und mehr Blumenläden interessante trockene Zweige und Blüten anbieten, können Sie die Pflanzen aus Ihrem Garten hiermit reizvoll ergänzen. Natürlich können Sie auch alle Pflanzen schon fertig getrocknet kaufen. Auf diese Weise sammeln Sie nur das Pflanzenmaterial, das in seiner Farbe und Form zu Ihrer Inneneinrichtung und zu Ihrem Vorrat an Vasen, Schalen und Körben paßt.

Eine flache Keramikschale mit farbigen Streifen wird hier zu einem Miniatur-Blumenbeet.

Vorbereitung der Gefäße

Bevor Sie mit der Zusammenstellung Ihres Trockenblumenarrangements beginnen können, muß das dafür erforderliche Gefäß gut präpariert werden. Bei Vasen mit enger Öffnung müssen Sie ein Knäuel Kükendraht durch die Öffnung schieben, um die Stiele abzustützen. Ansonsten sollten Sie, wo immer möglich, Ihre Gefäße mit Steckmasse oder Trockenschaum füllen. Befestigen Sie die Masse am Boden des Gefäßes und bedecken Sie sie mit trockenem Moos, so daß sie zum Schluß nicht mehr zu sehen ist. Falls Sie die Blumen auch über die Seiten herabhängen lassen wollen, ist es sinnvoll, die moosbedeckte Masse über das Gefäß herausragen zu lassen, weil dies dem Gesteck mehr Stabilität verleiht.

Vorbereitung eines Korbes

1 Drücken Sie mit dem Boden des Korbes dessen Umriß in einen großen Block Steckmasse.

2 Den Block passend zuschneiden. Einen zweiten Block abgerundet ca. 2,5 cm über den Korbrand ragen lassen. Aus dem Draht eine Nadel mit Öse biegen.

3 Das Klebeband durch die Öse ziehen und die Nadel durch den Korbrand stechen. Sie sollten genug Band hindurchziehen, um den Korb damit überspannen zu können, und noch etwa 15 cm mehr, um die Enden zu sichern.

4 Den Trockenschaum mit dem Klebeband festbinden und anschließend mit trockenem Sphagnum bedecken.

Vorbereitung einer Schale

Mit knetbarer Steckmasse einen Pinholder auf den Boden der Schale kleben, Steckmasse passend für die Schale zuschneiden und fest auf den Pinholder klemmen.

Vorbereitung von Untersetzern

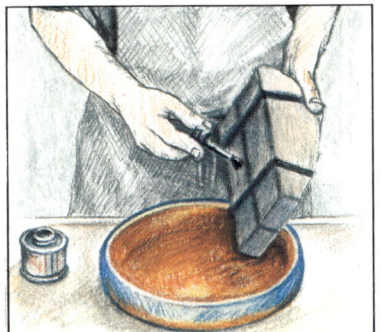

Schneiden Sie zwei Blöcke Steckmasse zurecht, so daß sie über dem Rand der Schale eine leichte Wölbung bilden. Mit Klebeband verbinden und festklemmen.

Vorbereitung von Glasgefäßen

Kleben Sie mit knetbarer Steckmasse zwei Pinholder auf den Boden des Gefäßes und fixieren Sie darauf zwei kleinere Blöcke Steckmasse. Füllen Sie die Zwischenräume mit Potpourri oder Moos, das Sie mit einem Blumendraht zurechtstopfen können.

Formen des Arrangements

Arrangements in Gefäßen können viele verschiedene Gestalten annehmen. Sie können kurz und geduckt sein oder hoch und schmal, in einer perfekten Halbkugelform, zu einer Seite herabhängend, wohlgerundet oder mit einer abgeflachten Rückseite, um nur ein par Formen zu nennen. Aber obwohl die Bandbreite an Formen, die man entwerfen kann, riesig erscheint, sind die meisten von ihnen dennoch auf die Fächerform zurückzuführen.

Wenn man ein Arrangement von vorn oder von der Seite betrachtet, kann man hinter seiner Rundung fast immer die Fächerform erkennen. Die Dimensionen der Umrißlinien sollten in angemessenem Verhältnis zueinander stehen und der Form des Gefäßes angepaßt sind. Zum Beispiel sollte der Schwung der Kurvenlinie eines Arrangements in einem ovalen Gefäß in der Vorderansicht breiter sein als von der Seite her. Mit anderen Worten: Die Breite eines Gestecks sollte immer größer sein als seine Tiefe.

Wenn Sie ein Arrangement planen, sollten Sie stets die Fächerform vor Augen haben, aber es ist genauso wichtig, dieser Form nicht zu streng zu folgen. Sehen Sie sich die Pflanzen in Ihrem Garten an. Viele Sträucher wachsen von Natur aus in einer kuppelartigen Fächerform, die aber nicht völlig perfekt ist.

Es ist sehr hilfreich, wenn man das Gefäß als den Ort betrachtet, aus dem heraus das Arrangement wächst. In einem einfachen runden Gesteck zum Beispiel sollten die Zweige so aussehen, als ob sie aus dem Zentrum der Schale natürlich herauswachsen.

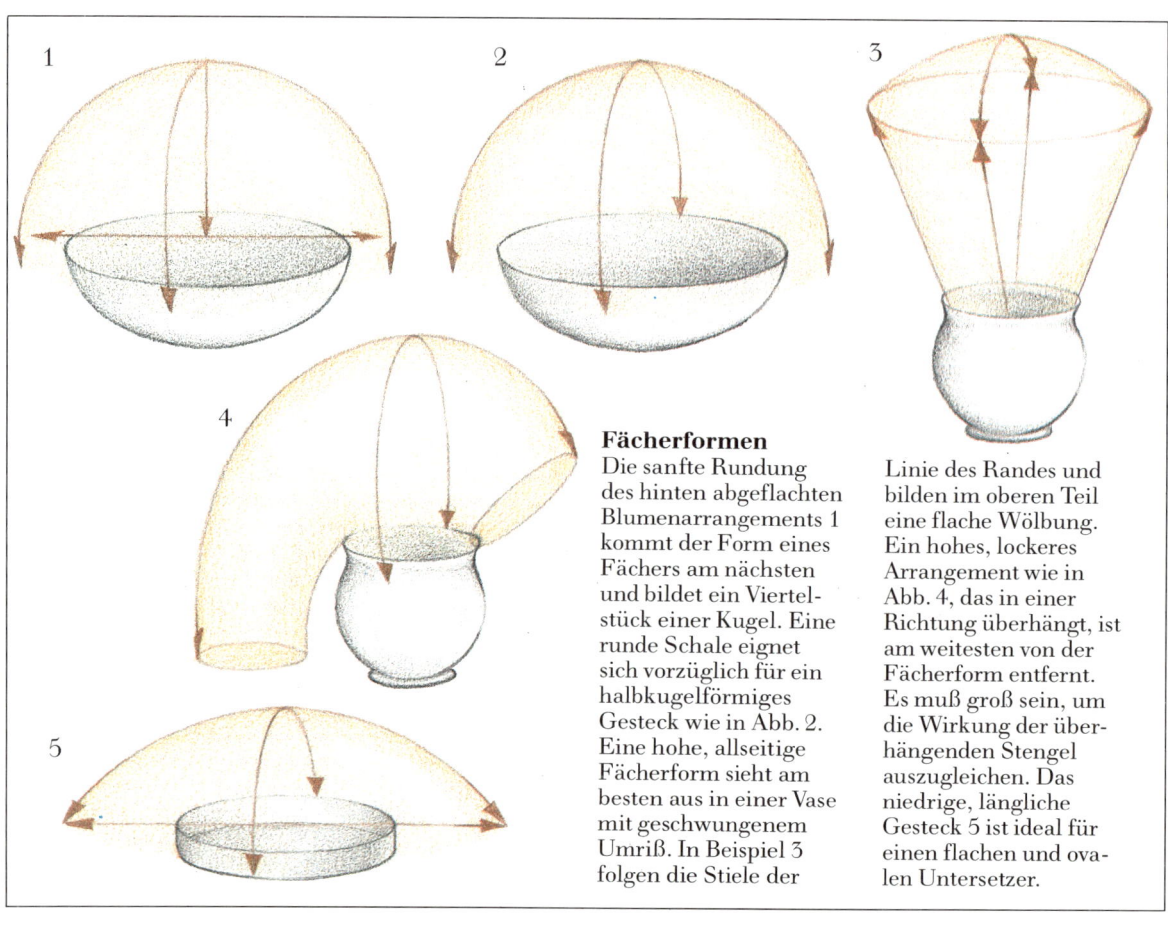

Fächerformen
Die sanfte Rundung des hinten abgeflachten Blumenarrangements 1 kommt der Form eines Fächers am nächsten und bildet ein Viertelstück einer Kugel. Eine runde Schale eignet sich vorzüglich für ein halbkugelförmiges Gesteck wie in Abb. 2. Eine hohe, allseitige Fächerform sieht am besten aus in einer Vase mit geschwungenem Umriß. In Beispiel 3 folgen die Stiele der Linie des Randes und bilden im oberen Teil eine flache Wölbung. Ein hohes, lockeres Arrangement wie in Abb. 4, das in einer Richtung überhängt, ist am weitesten von der Fächerform entfernt. Es muß groß sein, um die Wirkung der überhängenden Stengel auszugleichen. Das niedrige, längliche Gesteck 5 ist ideal für einen flachen und ovalen Untersetzer.

Ein Gesteck mit flacher Rückseite

1 Markieren Sie von vorn mit Zweigen von Mädesüß in groben Zügen die flache Fächerform des Arrangements. Der mittlere Zweig – der höchste Punkt – sollte etwa zweimal so hoch wie der Korb sein.

2 Stecken Sie nun vom höchsten Punkt in der Mitte aus einen Viertelkreis bis zur Vorderseite des Korbs. Folgen Sie dem Winkel dieser Linie und füllen Sie die Viertelstücke mit Mädesüß, bis eine Kuppelform entsteht.

3 Füllen Sie nun die Kuppelform völlig aus. Fügen Sie zunächst rosa Rittersporn hinzu, dann weißen Meerlavendel, und achten Sie darauf, beide Sorten gleichmäßig zu verteilen.

4 Halten Sie auch weiterhin die Grundform des Gestecks ein und fügen Sie nun noch rosa Rosenzweige sowie drahtverstärkte Hortensienblüten (siehe S. 14) hinzu, bis ein fächerförmiges Arrangement entsteht.

Großer Sommerkorb
Dieses farbenfrohe, kraftvolle, halbge-
öffnete Arrangement in Fächerform
wurde zusammengestellt aus Rittersporn, Schafgarbe, Sonnenflügel, Strohblumen, Zwergrosen, Verticordien,
Edeldisteln, Mohnkapseln und Leuca-
dendronzweigen.

Elegantes Arrangement
Hortensie, Rittersporn, Meerlavendel,
Schleierkraut, Schafgarbe und Kreuz-
krautlaub formen ein luftiges und zartes,
fächerförmiges Gesteck mit flacher
Rückseite, das seine Grundfarbe der
Perlmuttvase verdankt.

Kompaktes Gesteck
Dieses buschige Gesteck in sanften
Rosafarben (links) aus Dahlien, Meerlavendel, Strohblumen, Hortensien, Kän-
guruhblumen und Ritterspornknospen
paßt zu dem geduckt wirkenden Korb
mit seinen sanften Rundungen.

Bäume aus Trockenpflanzen

Wenn Sie einen Baum aus Trockenpflanzen gestalten, ist die Natur dafür der beste Ratgeber. Deshalb sollten Sie sich richtige Bäume einmal genau ansehen, bevor Sie eine bestimmte Form auswählen. Einige haben kuppelförmige Kronen und sehen beinah wie Regenschirme aus, während andere, vor allem Nadelbäume, eher pyramidenförmige Kronen besitzen. Wenn Sie die

Entscheidung getroffen haben, welche Form und Größe Ihr Baum haben soll, müssen Sie noch ein passendes Gefäß auswählen. Die Wahl des Gefäßes ist von größter Wichtigkeit, und die beste Wirkung erzielt man mit einem Topf, der so groß ist, daß der natürliche Eindruck entsteht, der Baum aus Trockenpflanzen sei wirklich darin gewachsen.

So entsteht ein Baum aus Trockenpflanzen

Sie benötigen dazu einen Tontopf, Steckmasse, ein Messer, Gips, Wasser, einen Löffel, einen Miniaturstamm, einen Kegel aus Steckmasse, kurze, dünne Blumendrähte, trockenes Sphagnum, Frauenmantel, Hahnenkamm und Reisigzweige.

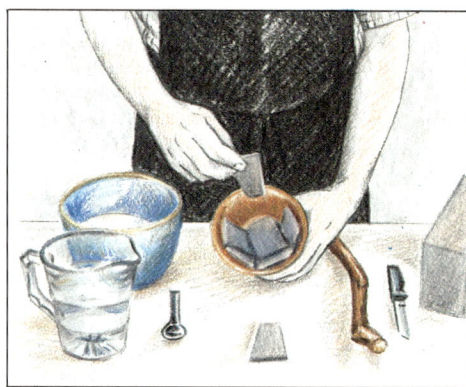

1 Kleiden Sie den Tontopf mit flachen Stücken von Trockenmasse aus.

2 Rühren Sie mit Wasser den Gips an, bis die Masse zu zwei Dritteln den Topf füllt. Stecken Sie den Miniaturstamm in die Mitte des Topfes und füllen Sie den Topf bis 12 mm unter den Rand mit Gips auf, wobei Sie den Stamm mit einer Hand festhalten.

3 Spießen Sie einen Kegel aus Steckmasse auf den Stamm. Biegen Sie die Blumendrähte haarnadelförmig um und befestigen Sie damit die Sphagnumbüschel am Kegel. Stecken Sie die Stengel der Trockenblumen durch das Moos bis in den Kegel. Dabei beginnen Sie mit den Zweigen des Frauenmantels. Danach fügen Sie Rosen, angedrahteten Hahnenkamm und Reisigzweige hinzu, bis der Kegel völlig bedeckt ist.

Baumformen
Wenn Sie nicht gerade eine spezielle Zierform vor Augen haben, sollten Sie sich beim Entwurf eines Trockenpflanzen-Baumes an der Natur orientieren.

Wuschelköpfiger Baum und Gebüsch
Tiefrote Strohblumen und Teile purpurfarbener *Celosia argentea cristata* ergeben diesen eindrucksvollen wuschelköpfigen Baum mit dickem Stamm (oben). Das Gebüsch besteht aus einem Kern aus Steckmasse, der mit Goldrute besetzt wurde und auf mehreren Birkenzweigen steht (links).

Arrangements mit Grundrahmen

Viele Arten von Arrangements benötigen kein Gefäß, sondern einen Grundrahmen, auf den sie aufgesteckt werden.

Runde Arrangements

Ein kreisförmiges Arrangement wie zum Beispiel ein Kranz hat als Untergestell entweder einen Rahmen aus Kupferdraht, den man beim Floristen fertig kaufen kann, oder einen Rahmen aus Kükendraht, den Sie selbst anfertigen müssen. Sie können aber auch die Triebe von Weinrebe, Clematis, Geißblatt und Aktinidie oder biegsame Weiden- und Birkenruten zu einem Kranz zusammendrehen, miteinander verflechten und die Enden eindrehen, so daß der fertige Rahmen fest genug ist und als Untergrund für eine Vielzahl von Trockenpflanzen verwendet werden kann. Wenn er sorgfältig gesteckt wird, kann solch ein Kranz aus Ranken und Zweigen auch alleine sehr schön aussehen (siehe S. 29).

Girlanden aus Trockenblumen

Eine weitere Art von Gebinden, die auch kein Gefäß benötigen, sind Girlanden aus Trockenblumen. Unabhängig davon, ob es sich um ein kleines und zartes Gebilde handelt wie einen Brautkranz, oder um lange Blumengirlanden, mit denen man einen Kamin, einen Tisch, einen Torbogen oder eine Tür schmücken möchte oder vielleicht auch ein Treppengeländer umflicht: Alle Girlanden aus Trockenblumen werden auf dieselbe Art und Weise geflochten, selbst wenn die Untergestelle in Stärke, Art und Dicke variieren.

Die eher zarteren Blumenranken wie z. B. Brautkränzchen fertigt man gewöhnlich auf einem Drahtrahmen. Kleine Büschel auf Blüten und Laub werden mit etwas Bindedraht befestigt, wobei jedes Büschel das vorige überlappt. Bei längeren und eindrucksvolleren Girlanden werden die Büschel aus Trockenblumen an stärkerem, kunststoffummanteltem Gärtnerdraht befestigt. Für noch kräftigere Geflechte sollte der Rahmen aus moosgefülltem Kükendraht bestehen. Solch ein

Rahmen kann so dick sein, wie Sie wollen, und auch wirklich jede Form haben, die Sie brauchen.

Girlanden aus Trockenblumen mit einem Grundrahmen aus Draht sind bestimmt nicht die einfachsten Gestecke, die man anfertigen kann, aber sie sind wirklich der Mühe wert. Außerdem können Sie sie, da Sie ja mit getrockneten Blumen arbeiten, im Hinblick auf eine besondere Gelegenheit schon vorbereiten. So vermeiden Sie es, in letzter Minute und unter Druck noch komplizierte Flechtarbeiten ausführen zu müssen – wie es bei Girlanden aus frischen Blumen unvermeidlich ist.

Kugeln aus Trockenblumen

Kükendraht ist sehr leicht zu formen und kann als Unterlage für viele verschiedene Arrangements dienen. Am wenigsten kompliziert herzustellen ist wahrscheinlich die Kugelform. Sie häufen einfach Brocken von Steckmasse oder Heu- bzw. Moosbüschel auf ein Stück Kükendraht, das Sie dann in eine Kugelform bringen, indem Sie es zusammenziehen und das Maschengeflecht so lange hin- und herbiegen, bis die Steckmasse darin festsitzt. Die Kugel kann dann mit feuchtem Moos besteckt werden, das den Drahtrahmen kaschiert und völlig austrocknen muß, bevor Sie Trockenblumen darauf befestigen. Eine solche Trockenblumenkugel läßt sich in verschiedener Weise verwenden – sie kann als Krone eines Bäumchens benutzt werden, wenn man sie auf einen Miniaturstamm aufspießt, oder als selbständiges Arrangement von der Mitte einer Zimmerdecke herabhängen.

Aus Kükendraht lassen sich auch kompliziertere Grundformen anfertigen. Jedes der Kaninchen für den 1. April auf den Seiten 76 und 77 ist aus mehreren Formstücken aus Kükendraht zusammengesetzt, die wiederum mit Heu ausgestopft und mit Bindedraht zusammengefügt wurden.

In diesem wilden Kranz aus gebogenen Birkenzweigen und Kätzchen leuchten die rost- und cremefarbenen Leucadendron-Zapfen.

Runde Arrangements

Es gibt mehrere Methoden, Grundrahmen für runde Gestecke herzustellen. Die einfachste Methode besteht darin, einige Moosballen mit etwas Schnur an einem handelsüblichen Drahtrahmen zu befestigen. Man kann aber auch biegsame Stengel zu einem kreisförmigen Rahmen zusammenflechten oder Kükendraht um Sphagnum wickeln und die Enden der so entstandenen »Wurst« zu einem Kreis zusammennähen. Kükendraht ist für Trockenblumen-Arrangements von großem Nutzen. Man kann ihn auch als Untergestell für Kugeln oder Girlanden aus Trockenblumen verwenden. Für ein zartes Kränzchen hingegen benötigen Sie nicht mehr als einen Rahmen aus Blumendraht.

Wie man einen Mooskranz bindet

1 Knoten Sie die Schnur an den Rahmen, wobei ein mehrere Zentimeter langes Ende überstehen bleibt. Pressen Sie ein Büschel Moos unterhalb des Knotens gegen den Rahmen.

2 Binden Sie nun das Moos auf den Rahmen. Das Moos sollte rundherum eine circa 2,5 cm dicke Schicht bilden.

3 Binden Sie weitere Sphagnumbüschel auf den Rahmen und umwickeln Sie sie mit Schnur. Überlappen Sie mit dem letzten Büschel das erste, schneiden Sie die Schnur ab und verknoten Sie die beiden Enden.

Ein Kranz aus Kükendraht und Moos

1 Schneiden Sie den Kükendraht auf die Länge des von Ihnen gewünschten Kranzumfangs. Breiten Sie das Sphagnum über die gesamte Länge aus und wickeln Sie den Kükendraht darum. Bilden Sie so eine »Wurst« von etwa 5–10 cm Dicke.

2 Stopfen Sie alles überstehende Moos in den Kranz und biegen Sie die scharfen Drahtenden nach innen. Biegen Sie die Wurstform vorsichtig zu einem Kreis zusammen. Nähen Sie die beiden Enden der Röhre zusammen. Den Bindedraht abschneiden und das Ende sichern.

Ein Kranz aus Ranken

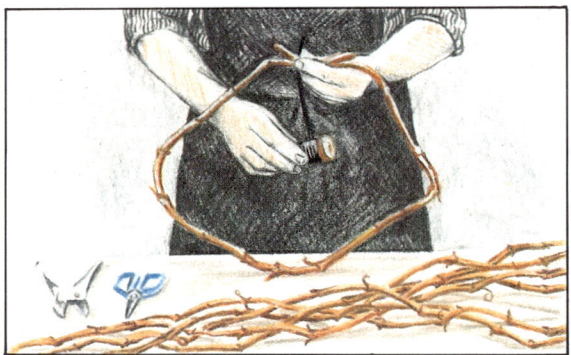

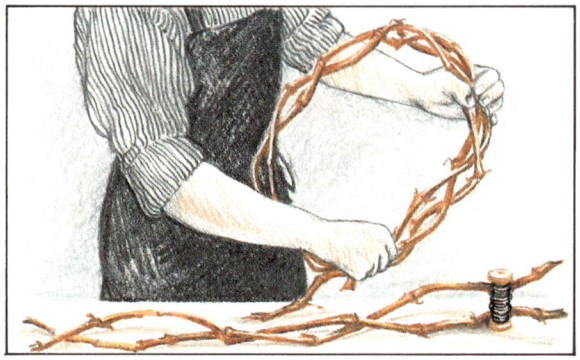

1 Schneiden Sie die Ranken auf eine Länge von etwa 1,3 m. Biegen Sie eine Rute zu einem Kreis mit leicht überlappenden Enden.

2 Binden Sie die Enden fest mit Bindedraht zusammen. Flechten Sie eine weitere Rute um die erste und sichern Sie sie. Wickeln Sie so lange weitere Ranken darum, bis der Kranz die gewünschte Stärke erreicht hat.

Ein zierlicher Kranz

1 Drehen Sie zwei Stücke Blumendraht zusammen und biegen Sie ein Ende zu einer Öse. Lassen Sie den Draht etwa 5 cm länger als benötigt und kaschieren Sie ihn mit Blumenband. Drahten Sie dann mit Rosendraht die Pflanzen daran fest.
2 Wenn Sie etwa 2,5 cm vor dem Ende des Blumendrahtes angekommen sind, biegen Sie dieses zu einem Haken und formen die Ranke vorsichtig zu einem Kreis.

So entsteht eine Mooskugel

1 Schneiden Sie ein Stück Kükendraht zu; es muß etwas länger sein als der geplante Kugelumfang. Schichten Sie die Steckmassenstücke in der Mitte des Kükendrahts auf und biegen Sie den Kükendraht rund um die Blöcke zu einer Kugel zusammen.

2 Binden Sie ein Ende des Rosendrahts an den Kükendraht. Pressen Sie ein Stück Moos neben den Knoten und wickeln Sie den Rosendraht um Kugel und Moos. Binden Sie weitere Moosklumpen fest, bis die Kugel ganz bedeckt ist. Nun verknoten Sie den Rosendraht und schneiden ihn ab.

Ein Kranz als Blickfang
Ein Grundrahmen aus Kükendraht und Moos bildet zusammen einen Hauch von *Alchemilla mollis* den perfekten Hintergrund für *Carlina acaulis* 'Caulescens' und die Rose 'Silva' (unten).

Verzierter Kranz aus Zweigen
Ein Rahmen aus Aktinidienzweigen schimmert durch einige Dillbüschel, Samenkapseln von Jungfer im Grünen und *Helichrysum angustifolium* hindurch (oben). Damit man den Kranz aufhängen kann, wurde ein Band aus geflochtenem Bast eingearbeitet.

Kleine Kränze
Ein Grundrahmen aus Bindedraht wurde mit Samenköpfen der Schafgarbe, mit Pompondahlien und lokkeren Bastknoten besteckt (links außen). Daneben sieht man einen gleichmäßig gewundenen Kranz aus Rebstockranken, der auch ohne jede Verzierung attraktiv wirkt.

Hängende Arrangements

Ranken, Girlanden und hängende Büschel aus Trockenblumen können einen Raum oder ein Treppenhaus völlig verändern und eignen sich ideal dazu, ein Haus für eine besondere Gelegenheit zu schmücken. Kräftige Blumenketten auf einem Grundrahmen aus Draht und Heu kann man sehr schön an die Wand hängen. Zöpfe aus geflochtenen Ranken, die mit Büscheln von angedrahteten Blumen und Bändern verziert werden, sind besonders attraktive Blickfänger an den Seiten eines offenen Kamins oder entlang der Deckenbalken. Zierlichere, mit Blumendraht verstärkte Girlanden, können rund um eine Tür oder ein Bild aufgehängt werden. Wenn man eine Kombination verschiedener Blumenbündel mit Draht zu einer Kugel zusammenbindet und diese Kugel von der Zimmerdecke hängen läßt, erhält man einen wirklich grandiosen Blickfang.

So entsteht eine Blumenkette

Sie benötigen dazu starken Blumendraht, etwas Heu, Bast und Blumen Ihrer Wahl.

1 Biegen Sie ein Ende des Drahtes zu einem »Auge«. Umwickeln Sie den Blumendraht mit Heu, das Sie mit Bast in Abständen von 7,5 cm festbinden.

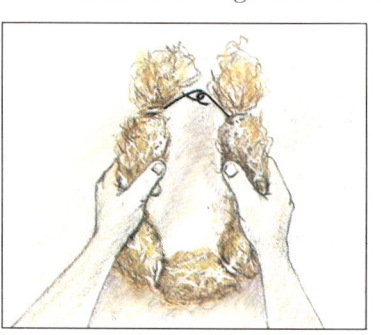

2 Biegen Sie dann den heuumwickelten Blumendraht zu einem Ring zusammen. Führen Sie das eine Ende des Drahtes durch die Öse und drehen Sie es zusammen. Kaschieren Sie die Enden mit einer Bastschleife.

3 Verzieren Sie nun den Ring mit Trockenblumen. Auf die gleiche Weise formen Sie so viele Ringe, bis die Kette lang genug ist.

So entsteht ein Zopf

Sie benötigen dazu Bast, Blumendraht, einige blaue Hortensienblüten und gelbes *Helichrysum italicum*.

1 Nehmen Sie einen dicken Strang Bast und befestigen Sie ihn an einem stabilen Halt. Teilen Sie den Bast in drei gleich dicke Stränge und flechten Sie so lange abwechselnd den rechten und den linken Strang um den mittleren, bis Sie das Ende der Stränge erreicht haben.

2 Binden Sie die Enden fest mit Bast zusammen. Dann drahten Sie kleine Büschel aus Hortensien und Strohblumen an (siehe S. 14). Stecken Sie den Blumendraht der Sträußchen durch den Bast und biegen Sie ihn um.

Eine Girlande mit Rosendraht

Sie benötigen dazu eine Rolle Rosendraht, eine Schere, Hortensienblüten, Rosen, Hafer und Schleierkraut.

1 Wickeln Sie Draht von der Rolle ab und machen Sie am Ende der gewünschten Girlandenlänge eine Schlaufe. Befestigen Sie daran Hortensienblüten und kleine Schleierkrautbüschel (siehe S. 14). Stellen Sie aus den verschiedenen Pflanzen ein Sträußchen zusammen und kürzen Sie die zu langen Stengel.

2 Legen Sie das Sträußchen so auf die Schlaufe, daß sie von den Blüten vollkommen bedeckt wird. Die fertige Girlande wird später an dieser Schlaufe aufgehängt.

Eine hängende Kugel

Sie benötigen dazu einen Gardinenring mit 3,5 cm Durchmesser, Blumendraht, eine Schere, roten Zylinderputzer, rosafarbene Strohblumen, rosa und gelbe Rosen, grünen Fuchsschwanz, Hasenohr, Meerlavendel und *Leucadendron meridianum.*

3 Auf der gesamten Länge der Girlande befestigen Sie nun die Sträußchen, deren Blüten jeweils die Stengel des vorigen Sträußchens bedecken.

Eine Blumenranke

1 Hängen Sie den Gardinenring in Arbeitshöhe. Die einzelnen Pflanzensorten werden nun büschelweise mit Draht zusammengefaßt und mit Blumendraht am Ring befestigt.

2 Befestigen Sie so viele Pflanzenbüschel am Ring, bis dieser vollständig gefüllt ist. Zum Schluß hängen Sie die Kugel an die gewünschte Stelle.

Eine buschige Blumenranke wird genauso geknüpft wie eine Girlande. Sie nehmen lediglich Pflanzen mit längerem Stiel.

Herbstranke
Buchenzweige, Eichenzweige und
Farnwedel wurden auf einem runden Untergestell aus Kükendraht
und Moos arrangiert (links). Zwischen den Zweigen liegen Tannenzapfen, Strohblumen und Schleierkraut und ranken sich um einen
Bastzopf, der von der Mitte des
Gestells herabhängt.

Zarte Blumengirlande
Papierknöpfchen, Strohblumen,
Schleierkraut und Leptospermum
werden zusammen mit Tillandsia
in kleinen Büscheln an einem Seil
befestigt und bilden eine zarte Blumengirlande (unten).

Rustikale Girlande
Büschel aus Besenginster, Zweige
mit Tannenzapfen, Königsfarn und
Blüten der *Protea nerifolia* werden
mit Rosendraht an einem Stück
Blumendraht befestigt (unten).

Grundregeln der Gestaltung

Die Natur liefert die besten Anleitungen für den Entwurf von Arrangements aus frischen und getrockneten Blumen. Es gibt keine festen Regeln. Genauso wenig wie sich zwei Rosensträucher völlig gleichen oder zwei Eichen genau identisch sind, werden zwei Gestecke exakt gleich aussehen, selbst wenn sie aus den gleichen Pflanzen gebildet wurden. Tatsächlich ist es sogar recht einfach, sie selbst in vergleichbaren Gefäßen verschieden wirken zu lassen.

Wahl des Standortes

Bevor Sie die Pflanzen und das Behältnis wählen und sich für eine bestimmte Gestaltungsform entscheiden, sollten Sie über den Stellplatz Ihres Arrangements nachdenken. Wie groß sollte das Gesteck sein? Wird man es von allen Seiten betrachten können oder steht es an einer Wand? Wie sieht der Hintergrund aus? Handelt es sich dabei um eine Tapete oder um einen Vorhangstoff? Wird das Gesteck vielleicht auf einem gemusterten Teppich oder Vorleger stehen? All diese Überlegungen sollten die Wahl der Blumen – deren Farben und Strukturen – und der Gefäße beeinflussen sowie auch den Stil des ganzen Entwurfs.

Auf den Spuren der Natur

Lassen Sie sich von Ihrem eigenen oder von einem anderen Garten, der Ihnen besonders gut gefällt, bei dem Entwurf Ihrer Arrangements inspirieren. Schauen Sie sich in der Natur und besonders auf dem Land um! Betrachten Sie die Form der Bäume, die Art und Weise, wie Pflanzen und Blumen miteinander verwachsen. Meistens sind die Formen, die die Natur hervorbringt, ausgewogen und ansprechend, und zwar bei einzelnen Pflanzen genauso wie bei ganzen Pflanzengruppen. An diese Formen und Gruppierungen sollten Sie sich erinnern, wenn Sie Ihre Trockenblumen-Arrangements entwerfen.

Die Balance spielt in einem Gesteck eine wichtige Rolle. Kein Arrangement sollte so aussehen, als ob es umkippen wollte, es sollte auch niemals lieblos mit Blumen vollgestopft werden oder Blüten enthalten, die im Verhältnis zum Gefäß viel zu groß sind. Falls Sie Zweifel haben, probieren Sie ruhig ein wenig herum – Sie können ja immer noch alles wieder herausnehmen und von neuem beginnen.

Die Bedeutung des Gefäßes

Das Gefäß ist für Ihr Arrangement genauso wichtig wie die Blumen. Natürliche und einfache Behälter sind für Trockenblumen-Arrangements am besten geeignet. Körbe passen schon deswegen besonders gut, weil sie eigentlich aus getrocknetem Pflanzenmaterial bestehen. Häufig liefern Form und Struktur des Korbes Anregungen für die Formen und Strukturen des Arrangements. Das gilt natürlich auch für andere Behälter. Das Muster auf einer Keramikvase inspiriert Sie vielleicht zu einem Muster für Ihr Arrangement, vielleicht sind es die Farben oder gerade die Form, die Sie anregen. Trockenblumen in warmen Farben wirken in Gefäßen aus Kupfer, Messing und Terrakotta besonders prächtig, während kühle weiße und pastellfarbene Blumen in Silber- oder Steingefäßen am besten zur Geltung kommen.

Interessante Farben und Strukturen bestimmen dieses einfache, duftende Arrangement in einem Topf aus Borke.

**Eine kühne Zusammen-
stellung**
Dieser rustikale Primelkorb
enthält *Erica arborea, E. car-
nea* und *Echinops ritro* sowie
einige skelettierte Blätter
und rote Pilze: eine kühne
Zusammenstellung gegen-
sätzlicher Formen und
Materialien.

Farbe

Es lassen sich so viele Pflanzen konservieren, daß das Farbspektrum, das dem Arrangeur getrockneter Blumen zur Verfügung steht, einfach überwältigend ist: leuchtende Rot- und frische Grüntöne, eine wunderschöne Palette von Rosatönen, klarem Gelb und warmem Orange, von kühlen Creme-, Weiß- und Silberschattierungen, Lila- und Lavendeltönen, Purpur, Violett und tiefdunklen oder hellen Blautönen. Man findet wirklich alle Farben des Regenbogens, die in einer Unzahl von Kombinationen zusammengestellt werden und viele verschiedene Effekte hervorrufen können.

Die Kombination von Farben

Wenn Sie gerade erst damit beginnen, Trockenblumen zu arrangieren, ist es sinnvoll, zunächst einmal mit verschiedenen Farben in unterschiedlichen Mengen und Kombinationen zu experimentieren, um herauszufinden, welche Farben am besten zusammenpassen. Auf diese Weise wird sich Ihr Auge bald an die Wirkung gewöhnen, die einzelne Farben in einer Mischung auf andere Farben ausüben.

Im allgemeinen ergibt die Kombination von im Farbspektrum nebeneinanderliegenden Farbtönen eine gedämpfte, aber nichtsdestoweniger sehr attraktive Farbwirkung. Deshalb lassen sich Rot und Orange gut mischen, ebenso wie Orange und Gelb, Gelb und Grün, Grün und Blau oder Blau und Violett. Die Kombination von Farben, die im Spektrum einen Schritt voneinander entfernt sind, ergibt noch beeindruckendere Resultate. Rot kontrastiert angenehm mit Gelb, Orange mit Grün, Gelb mit Blau und Grün mit Violett.

Man kann sagen: Je weiter zwei Farben im Spektrum voneinander entfernt sind, desto verblüffender ist die Wirkung ihrer Zusammenstellung. Daher erzeugt die Kombination roter und grüner oder roter und blauer Blüten äußerst interessante Wirkungen. Das gleiche gilt für die Verbindung oranger und gelber beziehungsweise violetter und purpurfarbener Blumen. Durch die Kombination einer kleinen Farbmenge mit einer großen Menge ihrer Komplementärfarbe kann man zusätzlich einen interessanten Verfremdungseffekt erzeugen. Ein grünes Gesteck wirkt zum Beispiel noch grüner, wenn man ein wenig leuchtendes Rot hinzufügt. Genauso intensivieren einige leuchtend gelbe Blüten inmitten einer großen Menge violetter Blumen den violetten Grundton des Arrangements.

Farbtöne und Schattierungen

Pastellfarben sind einfach gedämpfte Farbtöne primärer und sekundärer Farben. Wenn Sie einen Pastellton mit Malfarbe anmischen, müssen Sie Weiß, die Farbe des Lichts, zur Primär- oder Sekundärfarbe zugeben. Blaßrosa, Pfirsich- und Aprikosenfarbe, Lila, Zitrone und blasses Eisblau gehören alle zu den Pastellfarben. Wenn Sie Schwarz, die Farbe der Dunkelheit, zu einer Primär- oder Sekundärfarbe hinzugeben, werden Sie dunklere Farbtöne erhalten, beispielsweise Braun, Rostrot, Grau, Marineblau oder Pflaumenblau.

Pastelltöne und -schattierungen sind bei getrockneten Pflanzen besonders häufig vertreten. Es gibt eine Unmenge rosafarbener Blüten, deren Tönung von sehr blaß bis sehr kräftig reicht. Sie alle eignen sich zum Trocknen besonders gut. Rosen, Rittersporn, Sonnenflügel, Meerlavendel, Leimkraut und Strohblumen zählen dazu. Auch einige rostfarbene Blumen und Blätter lassen sich leicht konservieren: Ampfer, Meerlavendel, Strohblumen, Blutbuche und Hortensie fallen in diese Farbkategorie. Im pfirsich- und aprikosenfarbenen Bereich findet man nur wenige Exemplare, die sich zum Trocknen eignen, und zwar Meerlavendel, Rosen, Strohblumen und Protea. Lavendel, Hortensien, Rittersporn, Fuchsschwanz, Kornblumen und Dahlien haben alle lila- oder pflaumenfarbene Schattierungen.

Die Farbwahl

Wenn Sie darüber nachdenken, in welchen Farben Sie Ihr Gesteck gestalten wollen, sollten Sie auch die Farben der Wände, Teppiche und Möbelstoffe des Raums berücksichtigen, in dem Ihr Arrangement zu stehen kommt. Danach hängt es von Ihrem eigenen Geschmack ab, eine gefällige Farbkombination zu finden. Wenn Sie Farben wählen, die im Spektrum dicht beieinander liegen, kann eigentlich nichts schiefgehen. Vielleicht wünschen Sie sich aber ein interessanteres und ungewöhnlicheres Arrangement und sind deshalb bei Ihrer Farbwahl etwas verwegener. Schließlich sollten Sie den Eindruck bedenken, den Sie erzielen wollen. Ein großes Gesteck als Tischaufsatz, zum Beispiel, wird sicherlich eine sehr lebhafte Farbwahl erfordern.

Blau und Grün
Die intensiven Blau- und Grüntöne dieser mattglänzenden Steingutvase dienten als Inspiration für ein Arrangement aus gepreßten grünen Buchenblättern, Rittersporn-halmen in verschiedenen Blautönen und Büscheln der Stranddistel.

Rot und Gelb

Ein mit Intarsien versehenes Silberkästchen wird hier von leuchtend rosafarbenem Sonnenflügel sowie von Laub und Samenkapseln der *Senecio greyi* überwölbt (oben). Der Einsatz des Kästchens wurde mit strahlend gelben Sonnenblumen geschmückt, die die Farbe der Blütenmitte der rosa Gänseblümchen wiedergeben und die Arrangements aus Gänseblümchen miteinander verbinden (rechts).

Struktur

Die Oberflächenstruktur von Pflanzen und Gefäßen kann das Erscheinungsbild eines Arrangements entscheidend beeinflussen. Getrocknetes Pflanzenmaterial kann viele Formen haben. Zunächst gibt es die Blüten selbst, angefangen bei den zarten, fedrigen Strukturen von Schleierkraut und Frauenmantel bis hin zu den großen und dichten Blütenköpfen von Päonie, Rose, Distel und Protea. Auch Samenstände und Samenkapseln, beispielsweise die von Mohn, Jungfer im Grünen, verschiedenen Getreidesorten und Tannenzapfen besitzen ausgeprägte Formen. Dann gibt es die Blätter: Einige sind scharf und spitz, andere sanft und gerundet und wieder andere, wie die Farne, fein gefiedert. Sie können weiche und glatte, faltige, ausgezackte oder haarige Oberflächen haben. Denken Sie nur an den Unterschied in der Struktur zwischen einem Efeublatt und einem Wollziest oder einer *Stachys lanata*.

All diese Strukturelemente können Sie kombinieren und so eine unendliche Zahl verschieden aussehender Arrangements anfertigen.

Ein Blick auf einzelne Pflanzen

Jeder Teil einer Pflanze besitzt seine eigene, sehr individuelle Struktur. Jedes Blütenblatt hat seine eigene Schattierung und definiert so seine eigene Struktur. Nehmen Sie nur Päonien und Rosen. Auf den ersten Blick sehen sie nicht sehr unterschiedlich aus. Beide haben viele Blütenblätter, die strahlenförmig von der Mitte des Stengels ausgehen, und ihre Farben sind einander häufig ähnlich. Der Unterschied ihrer Strukturen ist sehr gering. Aber bei einer genaueren Betrachtung kann man sofort eine Unterscheidung treffen. Die äußeren Blütenblätter der Rose sind nach außen gebogen, wogegen die Blütenblätter der Päonie eher eine Rundung nach innen aufweisen, und die inneren Blütenblätter der Päonie sind weniger gleichmäßig gebündelt als die der Rose. Die Knospen sind tatsächlich sehr verschieden: Päonien besitzen gerundete Knospen, Rosen dagegen spitz zulaufende. Auch ihre Blätter sind sich, bei genauerer Betrachtung, nicht sehr ähnlich.

Wenn Sie einmal gelernt haben, Ihre Pflanzen sorgfältig zu betrachten und die kleinen Unterschiede wahrzunehmen, wird es Ihnen zur zweiten Natur werden, beim Entwurf eines Arrangements die Strukturen des getrockneten Materials mit in Ihre Überlegungen einzubeziehen.

Die Kombination von Strukturen

Es ist die Kombination verschiedener Formen und Strukturen, die für die interessanten Einzelheiten in einem Arrangement sorgt. Versuchen Sie deshalb, sanfte, abgerundete Blumenformen neben stachlige Halme zu plazieren. Stellen Sie Gruppen von Blüten gegen die ausgeprägten Formen von Samenkapseln und gegen genau umrissene Blattformen. Solche kontrastreichen Kombinationen wirken oft sehr gut und erzeugen Arrangements mit greifbarer struktureller Präsenz.

Ein gut geplantes Pflanzenbeet enthält eine große Auswahl von Texturen, die innerhalb der Gesamtform des Beetes für faszinierende Kontraste sorgen. Wenn Sie das Material für ein Trockenblumen-Arrangement auswählen, orientieren Sie sich einfach an der Natur. Achten Sie darauf, wie Pflanzen wachsen. Sehen Sie sich an, wie sich die Blätter nebeneinanderstehender Pflanzen überlappen und wie sich Samenkapseln zwischen andere Blumen drängen. Achten Sie auch darauf, auf welche Weise Blätter die zwischen ihnen leuchtenden Blüten zur Geltung bringen.

Es kann sehr effektvoll sein, nur zwei Elemente in einem Arrangement zu verwenden. Aber wenn es sich dabei um Rosen und Päonien gleicher Farbe und Größe handelt, dürfte das Ergebnis nicht besonders interessant ausfallen. Eine Mischung von Rosen und Rittersporn bildet eine viel faszinierendere Kombination: üppige Kreise von Blütenblättern gegen knubblige Halme. Auch Sonnenflügel und Päonien können zusammen sehr gut aussehen: Große, krause Kreisformen kontrastieren mit kleinen Kreisen mit gezackten Kanten.

Der Gesamteindruck

Auch Gefäße besitzen eine Struktur und tragen mit ihren Oberflächeneigenschaften zum Gesamteindruck eines Arrangements bei. Die rauhe, narbige Oberfläche eines Steinguttopfes, das knorrige Äußere eines Korbes aus Rinde oder Zweigen, die Strukturmuster geflochtener Zweige bei Korbwaren, die maserige Oberfläche von Holz, der Glanz von Metall und der sanfte Schein eines gläsernen oder glasierten Topfes: Sie alle tragen zur strukturellen Eigenheit eines Arrangements bei. Gefäße und Pflanzenmaterial sollten immer in Proportion zueinander stehen, und man sollte nie den Gesamteindruck aus dem Auge verlieren.

Strukturelle Vielfalt
Ein lebhafter Strauß aus Blumen und Laub mit mannigfaltigen Strukturen erweckt das knorrige alte Ölfaß zu neuem Leben. Hier findet man rundblättrige Eukalyptushalme neben zarten Spitzen vom Besenkraut, und Rittersporn und Tannenzapfen wetteifern mit Mohnkapseln, cremefarbenen Ebensträußen der *Verticordia* sp. sowie den runden Blüten der Rosen und Strohblumen.

Eine Kombination von Rauh und Glatt

Ein glatter, klarer Glaszylinder wurde mit kräftig strukturierten Samen, Samenkapseln, Potpourri, Borke und Moos gefüllt. Kleine Mengen von Zimt, Kastanien, Linsen, Nudeln, Lavendel, Sonnenblumenkernen und Mais werden vom Moos flach gegen die gläserne Seitenwand gepreßt, während darüber getrennt arrangierte Felder aus Tannenzapfen, Mohnkapseln und Samenkapseln von Jungfer im Grünen zu sehen sind.

Stil

Jedes Blumenarrangement – ob als Kranz oder in einer Vase – verkörpert eine Anzahl von Design-Elementen, die zusammen einen bestimmten Stil ergeben. Die Formen, Farben und Strukturen des Gestecks verbinden sich mit dem Gefäß und der Umgebung, in der das Arrangement steht, zu einem Gesamteindruck in einem bestimmten Stil.

Die Ungezwungenheit getrockneter Blumen

Trockenblumen besitzen eine ihnen eigene natürliche und ungezwungene Ausstrahlung. Deshalb wird ein vollständiges Arrangement, auch wenn es noch so formell entworfen wurde, immer einen Hauch der Ungezwungenheit besitzen, da der natürliche Stil der Blumen in großem Maß den Stil des Arrangements beeinflußt.

Häufig ist es sinnvoll, die informelle Natur getrockneter Blumen hervorzuheben, und einige der erfolgreichsten Trockenblumen-Arrangements besitzen die Freizügigkeit eines Sommergartens. Zu derartigen Gestecken passen rustikale Gefäße besonders gut, weil sie den Pflanzen schon äußerlich sehr ähnlich sind. Körbe aller Art, hölzerne Tröge und Kisten, Terrakotta- und Steinguttöpfe sowie Keramiken mit einfachen Mustern in schlichter Ausführung: All diese Gefäße sind geradezu ideal für natürlich wirkende Arrangements mit Trockenblumen.

Sorgfältige Planung

Obwohl es so aussieht, als ob ein natürlich wirkendes Arrangement leicht zusammenzustellen wäre, verlangt es in Wirklichkeit eine sorgfältige Planung, um nicht künstlich zu erscheinen. Zu allererst braucht ein Gesteck eine strenge Linienführung: Rundungen müssen kräftig sein und gerade Linien gut definiert. Denn die Linien sind das Skelett eines Arrangements, sie geben ihm seine Grundform. Egal ob sie durch Zweige, Blätter, Samenkapseln oder durch die Blüten selbst markiert werden, sollte man die Linien zuerst festlegen und danach erst die Zwischenräume ausfüllen. Auf diese Weise kann man verhindern, daß im Verlauf der Arbeit die Grundform des Gestecks zerstört wird.

Pflege eines eigenen Stils

Jeder von uns hat sein eigenes Stilgefühl. Wenn wir ein Buch oder eine Zeitschrift aufschlagen, fallen uns sofort bestimmte Bilder, Farben und Formen auf, und wir sollten uns beim Entwurf eines Trockenblumen-Arrangements an solchen Motiven orientieren.

Es ist sinnvoll, sich Notizen über die Pflanzen und Formen zu machen, die Ihnen besonders zusagen. Wenn Sie einen Garten besuchen, sollten Sie sich die Kombination von Blüten und Blättern einprägen und sich die Bäume und Sträucher merken, die Ihnen am besten gefallen. Dann können Sie selbst im Garten einige dieser Pflanzen ziehen, um sie später zu trocknen. Falls Sie keinen eigenen Garten besitzen, können Sie auch diejenigen Pflanzen schon fertig getrocknet kaufen, die am besten Ihr eigenes Stilgefühl wiedergeben.

Der Einrichtungsstil

Glücklicherweise passen Trockenblumen-Arrangements beinahe zu jedem Typ von Inneneinrichtung. Die kräftige Blütenform der Schafgarbe, das sanfte Spiel des flauschigen Schleierkrauts und die stattlichen Samenköpfe von Klatschmohn und Rohrkolben fügen sich sowohl zum Chrom und Glas eines kühlen, modernen Zimmers wie zum warmen, sanften Holz eines alten Landhauses.

Aber jeder Raum hat einen eigenen Stil und kann eine bestimmte Art des Arrangements erforderlich machen. Die rein zweckgebundene Küche ist der ideale Platz, um Bündel von Trockenblumen an der Decke aufzuhängen. Dort sind sie dann aus dem Weg, stopfen die Arbeits- und Eßplätze nicht voll und bilden ein attraktives Arrangement.

Im Wohnzimmer ist normalerweise eher Platz für Tischgestecke (siehe S. 51–53). Wenn es dort einen Kamin gibt, kann ein üppiger Blumenkorb den leeren Kaminrost während der Sommermonate auf ansprechende Weise verdecken (siehe S. 63). Das Schlafzimmer ist meist etwas sanfter im Stil, und deshalb ist hier ein weiches, gefälligeres und insgesamt vielleicht auch etwas zurückhalteneres Arrangement sicher angebrachter (siehe S. 59–61).

Klare Linienführung

Diese lange, gemaserte Glasvase und die getrocknete Artischocke sehen aus, als wären sie füreinander bestimmt. Es ist eine ungewöhnliche Kombination, die Ihnen wahrscheinlich nur dann in den Sinn kommt, wenn Sie schon einmal gesehen haben, wie eine Artischocke wächst – die sanfte Kurve ihres dicken Stammes und die gedämpften Farben ihres schweren Kopfes. Strenge der Linie, perfekte Balance und gedämpfte Farben verbinden sich zu einem Abbild der Natur.

Rustikaler Korb
Ein Korb aus Olivenzweigen
quillt über mit Garben von Rittersporn, Hafer, Lavendel,
Phaenocoma, Ixodia, Kornblumen, Salbei, Schleierkraut,
Jungfer im Grünen und
Buchenblättern. Die Pflanzen
wurden sehr sorgfältig arrangiert, damit es so aussieht, als
seien sie gerade erst gepflückt
und in den Korb gelegt worden.

TROCKENBLUMEN ALS DEKORATIVER ZIMMERSCHMUCK

In diesem Sträußchen umarmen einige Zweige der *Hydrangea macrophylla* die Blüten der Dahlie 'Dedham' und des *Limonium sinuatum*.

Blumen können einen Raum völlig verändern. Sie bringen das Beste einer Landschaft in Ihr Haus. Gleichgültig ob in der Küche, im Wohnzimmer oder sogar in einem Festsaal. Stets verbreiten sie eine Wärme, die besonders einladend wirkt.

Ein Blumenarrangement sagt etwas über Ihren Geschmack aus, über Ihre Lieblingsfarben sowie über die Formen, die Sie bevorzugen und über die Strukturen, mit denen Sie am liebsten arbeiten. Denn ein Arrangement ist nichts weniger als ein Ausdruck persönlicher Kreativität. Dies mag ziemlich hochtrabend klingen, ist es aber nicht: Wir alle haben die Fähigkeit, uns kreativ auszudrücken.

Unsere Wohnung ist eine der wichtigsten Aussagen über unseren Geschmack. Die Farben, Muster und Strukturen von Wänden, Teppichen, Vorlegern, Bezugsstoffen sowie der Möbelstil, den wir wählen, erzeugen in einem Zimmer oder Haus eine bestimmte Grundstimmung. Trockenblumen-Arrangements sollten vor allem diese Stimmung wiedergeben. Es ist wahrscheinlich wichtiger, daß ein Arrangement von Trockenblumen in seine Umgebung paßt, als ein Strauß frischer Blumen, denn frische Blumen hinterlassen einen viel vergänglicheren Eindruck. Ein Arrangement aus Trockenblumen hingegen wird ein Jahr lang oder sogar noch länger ein eigener Teil der Einrichtung sein, bis Staub und Sonnenlicht den Blüten ihre wunderbar warmen und sanften Farben genommen haben.

Daher sollten Sie, bevor Sie mit dem Arrangieren getrockneter Blumen beginnen, sorgfältig die Tapeten und Farben, die Muster und Holztöne, die Möbelformen und die unterschiedlichen Strukturen Ihres Zimmers in Ihre Überlegungen mit einbeziehen. Berücksichtigen Sie auch die Verzierungen im Raum, besonders diejenigen, die sich in der Nähe Ihres Arrangements befinden werden. Beachten Sie die Größe und Form der Fläche, auf die Ihr Arrangement plaziert wird. Dann, und wirklich erst dann, wenn Sie sicher sind, daß sie zu all diesen Elementen passen, sollten Sie die Trockenblumen und das passende Gefäß auswählen.

Bauernstube

Die Ausstattung
Terrakottafliesen, zart-rosa Wände und beige Vorhänge mit rostfarbenen Blumen bilden die wichtigsten dekorativen Elemente.

Streng genommen ist ein Bauernhaus die Wohnstätte eines Bauern, obwohl heutzutage auch solche Landhäuser schon Bauernhaus genannt werden, in die sich viele Stadtbewohner am Wochenende zurückziehen. Dennoch meint man heute, wenn von einer Einrichtung in bäuerlichem Stil die Rede ist, meistens einen ganz bestimmten Stil, der vom Leben auf dem Land inspiriert wurde. Mit Blumen bedruckte Polster- und Vorhangstoffe, Holztische in warmen Farben, Holz- oder Steinböden sowie warme, gemusterte Teppiche und Vorleger sind die wichtigsten Bestandteile einer schlichten Einrichtung im bäuerlichen Stil.

Getrocknete Blumen passen hervorragend in einen hübschen, bäuerlich eingerichteten Raum, und tatsächlich brachte der ursprüngliche Bauerngarten über die Versorgung mit Gemüse hinaus eine Fülle an Blumen hervor, die sich alle zum Trocknen eigneten. Das kann auch heute noch so sein. Auf den Seiten 110–133 finden Sie einige Gartenideen.

Ein Sommerstrauß
Leuchtendrote Miniaturrosen und blaßrosafarbene *Silene pendula* wurden in einem rustikalen Terrakottatopf mit Unterschale kombiniert. Sie bilden ein auffallendes und dennoch warmes Arrangement, das sich vor der Wand gut abhebt und doch mit dem warmen, honigfarbenen Holztisch harmoniert. Kleine Stücke Steckmasse wurden in den Spalt zwischen Topf und Schale geschoben und mit zerbröckelten Rosenblättern bedeckt, so daß die Blüten um den Topf herum arrangiert werden konnten.

Tiefgelbe hybride Teerose
Rosa 'Golden Times'

Jungfer im Grünen
Nigella damascena

Hängendes Leimkraut
Silene pendula

Leucodendron
Leucodendron sp.

Violetter Meerlavendel
Limonium sinuatum

Zinnoberrote Floribundarose
Rosa cv.

Terrakottafarbene hybride Teerose
Rosa 'Gerda'

Islandmoos
Cladonia sp.

Arrangement
in zarten Farben

Ein zweifarbiger geflochtener
Weidenkorb ist ideal für dieses flache Gesteck, das sorgfältig auf die Farben von Tisch
und Wand abgestimmt wurde
(links). Die flache kuppelförmige Grundform wurde aus
Leucodendronzweigen
gesteckt. Aus aprikosenfarbe-
nem Meerlavendel und kleinen Büscheln angedrahteter
Samenkapseln von Jungfer im
Grünen wurde das grundle-
gende Farbschema geschaffen
(unten). Eingestreute terrakottafarbene und gelbe Rosen
und einige Büschel von ange-
drahtetem Islandmoos vervoll-
ständigen das Arrangement.

Mansardenstübchen

Trockenblumen und warme, rustikale Einrichtungen sind wie füreinander geschaffen. Niedrige Balkendecken, rauh verputzte Wände und Böden aus unbehandeltem Holz passen so gut zu getrocknetem Pflanzenmaterial, daß beinahe jede Blütenfarbe dazu sehr gut aussieht. Dennoch sollte man die Proportionen des Raumes beim Entwurf des Trockenblumen-Arrangements berücksichtigen. In einem Mansardenstübchen wird die Decke wahrscheinlich sehr niedrig sein. Daher sollte ein Arrangement, das auf einem Tisch steht, nicht zu hoch ausfallen, da das Ganze sonst zu eingeengt wirkt. Wenn Sie sich trotzdem einen üppigen Strauß wünschen, sollten Sie ihn dann vielleicht besser auf den Boden stellen.

Die warmen Farben eines alten Wandteppichs passen besonders gut zu dieser Art von Raum, in dem alte Perserbrücken und freundliche, bequeme Möbel eine einladende und behagliche Atmosphäre schaffen. In solch einem Raum sollten Sie natürliche Gefäße verwenden, zum Beispiel Körbe, Terrakottatöpfe, steinerne Schalen oder eine alte Holztruhe. Lassen Sie sich sowohl von der gesamten Atmosphäre als auch von den dekorativen Details des Raumes beeinflussen. Das Muster auf einem Teppichvorleger oder auf einem Vorhangstoff kann Sie zu bestimmten Ideen für ein Arrangement anregen. Die gepreßten Farne und Strohblumen beispielsweise in dem Arrangement auf der gegenüberliegenden Seite wiederholen die Farn- und Gänseblümchenmotive der Papierauskleidung in der Kiste.

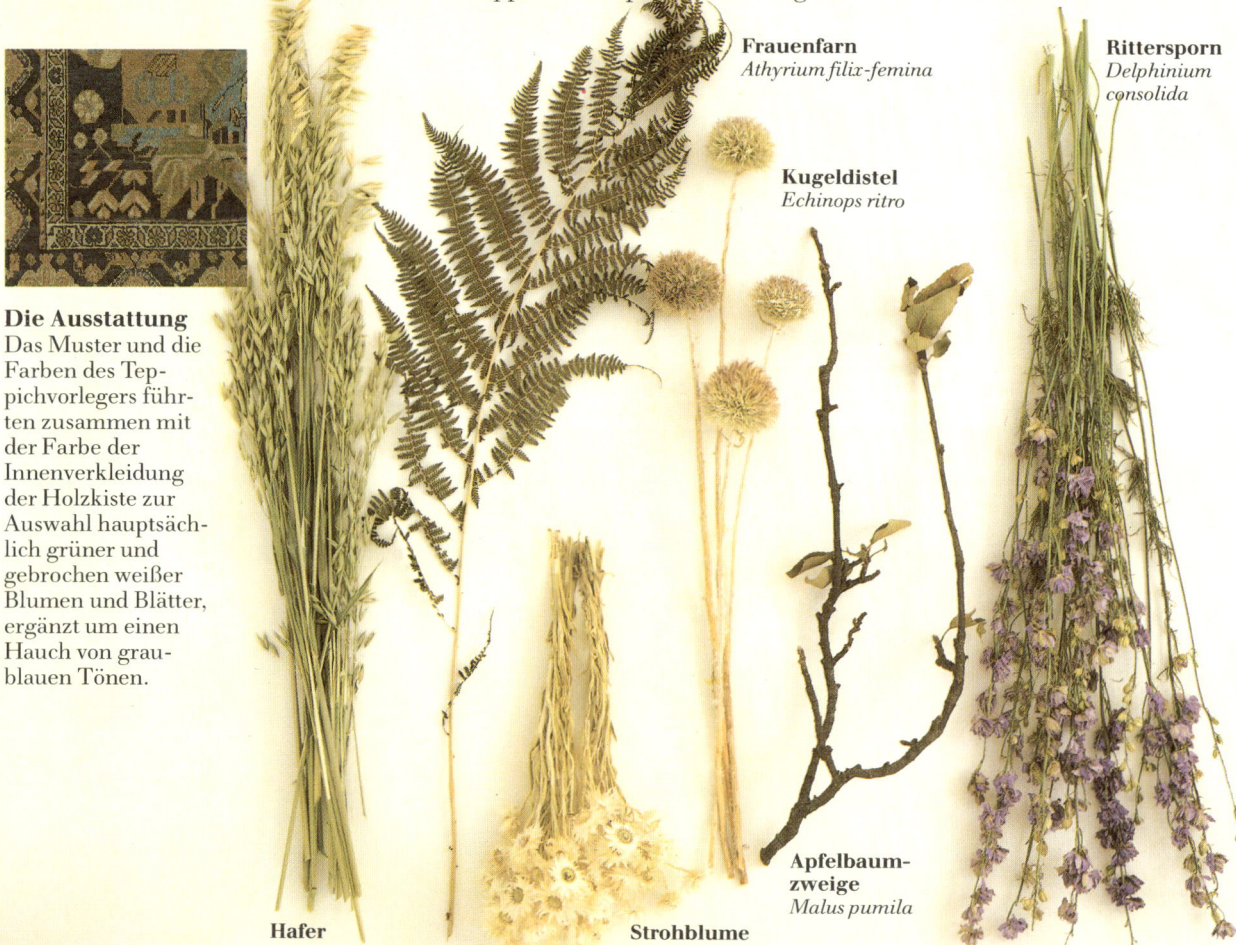

Die Ausstattung
Das Muster und die Farben des Teppichvorlegers führten zusammen mit der Farbe der Innenverkleidung der Holzkiste zur Auswahl hauptsächlich grüner und gebrochen weißer Blumen und Blätter, ergänzt um einen Hauch von graublauen Tönen.

Frauenfarn
Athyrium filix-femina

Kugeldistel
Echinops ritro

Rittersporn
Delphinium consolida

Apfelbaumzweige
Malus pumila

Hafer
Avena fatua

Strohblume
Helichrysum virgineum

Zwangloses Arrangement
Die bemalte Papierauskleidung dieser
Holzkiste aus dem achtzehnten Jahrhun-
dert ist so hübsch, daß ein Teil davon zur
Betrachtung freigelassen wurde. Die
Pflanzen sind sehr zwanglos arrangiert,
damit sie die natürliche entspannte
Atmosphäre des Raumes noch betonen.

**Schlichtes
Arrangement**
Knorrige Apfelzweige
ergeben ein einfaches und
dennoch eindrucksvolles
Arrangement, wenn man
sie vor die schmucklose
helle Wand der Mansarde
stellt.

Romantisches Schlafzimmer

Die Ausstattung
Hellrosa Tapete mit zarter Struktur und Stoffe in Pastelltönen bilden den Hintergrund.

Weiche, sanfte Pastelltöne sind ideal für ein Schlafzimmer. Beige, Rosa, Lila, Nilgrün sowie helle Blau- und Grüntöne verleihen dem Raum eine angenehme Atmosphäre und helfen Ihnen beim Entwurf eines Schlafzimmers, das zwar warm, aber im Winter nicht zu heiß, und kühl, aber im Sommer nicht zu kalt wirkt. Wenn Sie die Möbel mit faltenreichen Stoffbahnen drapieren, dann werden die sanftgeschwungenen Linien zu einer entspannten Atmosphäre beitragen, und die feine Struktur einer einfachen Schale mit getrockneten Blumen, die Sie selbst während des Sommers im Garten gezogen haben, kann in einem solchen Rahmen hervorragend zur Geltung kommen. Solch ein Gesteck wird auch ein liebes Erinnerungsstück an herrlich faule, sonnenreiche Tage sein – etwas märchenhaft vielleicht, aber auf jeden Fall ein optischer Genuß.

Sommerliches Arrangement
Die sanfte Wölbung der blauen Keramikschale mit dem niedrigen, kuppelförmigen Arrangement wehmütiger Sommerblumen steht in reizvollem Gegensatz zur schlanken Eleganz der silbernen Kerzenlampe.

Sphagnum
(Sumpfmoos)
Sphagnum sp.

Hybride Teerose
Rosa 'Bridal Pink'

Rittersporn
Delphinium consolida

Lilie
Lilium auratum rubrum

Hortensie
Hydrangea macrophylla 'Hortensia'

Königsfarn
Osmunda regalis

Hoher Rittersporn
Delphinium elatum

Gemeine Immortelle
Xeranthemum annuum

Schafgarbe
Achillea ageratum

Hybride Teerose
Rosa 'Darling'

Kräftigrote Gartenstrohblume
Helichrysum bracteatum

Kugeldistel
Echinops ritro

Rosafarbene Gartenstrohblume
Helichrysum bracteatum

Strohblume
Helipterum manglesii

Rainfarn
Chrysanthemum vulgare

Malvenfarbener Meerlavendel
Limonium sinuatum

Jungfer im Grünen
Nigella damascena

Silberblättrige Strohblume
Helichrysum angustifolium

Kreuzkraut
Senecio greyi

Zartes Arrangement
Diese zarte dreiblättrige Porzellanschale enthält eine Fülle von blaßblauem Rittersporn. Sandgetrocknete rosa Rosen und eine goldfarbene Lilie liegen nonchalant darauf.

Klassisches Eßzimmer

Die Ausstattung
Kräftiges, sonniges Gelb dient als Hintergrund.

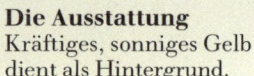

Ein formelles Eßzimmer wird meist am Abend benutzt, und man sollte deshalb bei den Dekorationen berücksichtigen, daß sie häufig unter Kunstlicht gesehen werden. Daher ist es sinnvoll, relativ kräftige Farbthemen zu wählen, zum Beispiel warme, goldene Gelbtöne, kultivierte, strenge Grautöne oder sonniges, mediterranes Terrakotta. Das Mobiliar ist normalerweise solide und wirft starke Schatten. Eßtisch und Stühle, das Sideboard und vielleicht ein Kamin sollten den Kontrast kühner Trockenblumen-Arrangements erfahren. Im Sommer kann ein leerer Kaminrost durch ein prächtiges Gesteck umgestaltet werden, und im Winter sind der Kaminsims oder das Sideboard ideale Standorte für kleinere Arrangements.

Ein gelbes Arrangement
Dieser eindrucksvolle Blumenkorb mit seiner Überfülle gelber Blüten wurde von der kräftigen Farbe der Wand angeregt und ziert den eleganten Kamin während des Sommers.

Silberpappel
Populus sp.

Flockenblume
Centaurea macrocephala

Weißer und blauer Rittersporn
Delphinium consolida

Mohn
papaver sp.

Eukalyptus
Eucalyptus gunnii

Besenkraut
Kochia sp.

Goldgarbe
Achillea filipendulina 'Coronation Gold'

Mimose oder **Akazie**
Acacia sp.

Lampionblume
Physalis alkekengi

Sonnenflügel
Helipterum cotula

Australische Silbereiche
Grevillea sp.

Heiligenkraut
Santolina sp.

Zwei lebhafte Sträuße
Ein Teller aus Delfter Porzellan diente als Anregung für
diese lebendigen Sträuße auf
dem Kaminsims.

Repräsentatives Atelier

Intensives Blau, dramatisches Rot, prächtiges Orange, beißendes Gelb und kräftiges Grün können in eindrucksvollen Kombinationen bei der Dekoration und Einrichtung eines Raumes verwendet werden. Dennoch ist es nicht einfach, eine geschmackvoll kühne Farbzusammenstellung zu finden. Tatsächlich kann ein Zimmer durch den gedankenlosen Einsatz auffallender Farben absolut unbewohnbar werden. Normalerweise ist es am sinnvollsten, wenn Sie mit einem Möbelstück beginnen und darauf aufbauend ein kraftvolles Farbschema komponieren. Oft gibt ein Gemälde die Farbgrundlage eines ganzen Raumes vor, wobei die Farben der Stoffe, des Bodens und der Wand die Farbtöne des Gemäldes widerspiegeln.

Viele Blumen behalten ihre kräftige Farbe auch nach dem Trocknen. Das gilt besonders für Strohblumen und Rosen, die daher in einem lebhaften Raum eine eindrucksvolle Rolle spielen können. Andere getrocknete Blumen, die weniger kühn gefärbt sind, sowie wohlgeformte oder strukturierte Blätter können für einen faszinierenden Hintergrund mit lebhaften Farben sorgen.

Wildes Arrangement
Ein auffallendes Arrangement aus großblättrigem Bambusgras und Hortensienblüten stellt ein sehr positives Element in diesem kühn dekorierten Raum dar.

Die Ausstattung
Die kräftigblaue Wand und das abstrakte Stoffdesign machen einen dramatischen Eindruck.

Großblättrige Hortensie
Hydrangea macrophylla

Japanisches Bambusgras
Arundinaria japonica

Kolbenmais
Zea mays

Meerlavendel
Limonium sinuatum

Gartenstrohblume
Helichrysum bracteatum

Strohblume
Helichrysum italicum

Kornblume
Centaurea cyanus

Leucodendron
Leucodendron sp.

Leucodendron
Leucodendron sp.

Kirschrot angehauchte Hybrid-Teerose
Rosa 'Mercedes'

Tiefgelbe Hybrid-Teerose
Rosa 'Golden Times'

Scharlachfarbene Hybrid-Teerose
Rosa 'Jaguar'

Phaenocoma
Phaenocoma prolifera

Kiefer
Pinus s

Lebhafter Kranz
Ein wilder Kranz
aus getrockneten
Blüten wetteifert
mit den leuchten-
den Farben des
Teeservice und des
Sofabezugs.

ARRANGEMENTS FÜR BESONDERE ANLÄSSE

Filigrane Federbüschel von *Alchemilla mollis* umsäumen die Blüten des
Helipterum manglesii und der wachsartigen Ixodia.

Das Leben wäre ohne besondere Anlässe sehr langweilig. Sie formen ein Jahr und geben uns die Möglichkeit zu feiern. Und wo gefeiert wird, da sollten auch Blumen sein.

Viele Menschen feiern am Neujahrstag. Nach dem Fest in der Silvesternacht ist es angenehm, mit Freunden und Verwandten etwas ruhiger zusammenzusitzen. Danach folgen in relativ kurzem Abstand das Dreikönigsfest und der Valentinstag. Beide Feiertage handeln von der Ablösung des Alten und dem Beginn des Neuen: einem neuen Weg oder einer neuen Liebe.

Der erste April ist im Grunde ein Tag der Freude, an dem sogar die Medien ihre Späße machen. Die lächerlichsten Dinge werden mit einer Ernsthaftigkeit präsentiert, die man oft für bare Münze nimmt – zumindest einen Moment lang. Diese erste Serie von Feiertagen endet am Ostertag, dem großen christlichen Fest, das an die Auferstehung Christi erinnert und in früheren Zeiten auch der Beginn des neuen Jahres war. Die zweite Feiertagsperiode beginnt später im Jahr mit dem Erntedankfest, und sie endet mit dem größten aller Feste, dem Weihnachtsfest.

Dazwischen gibt es Geburtstage, Hochzeiten und Taufen, fröhliche Gelegenheiten, bei denen Blumen so viel bedeuten können, und manche Menschen lassen auch den Tag der Sommersonnenwende nicht ohne Feier vorübergehen. Wenn Sie für irgendeine dieser Gelegenheiten Trockenblumen arrangieren, dann haben Sie den Vorteil, daß Sie das Gesteck in Ruhe vorbereiten können. Das ist sehr hilfreich, wenn Sie bedenken, daß Sie in letzter Minute noch Hunderte von anderen Kleinigkeiten erledigen müssen.

Valentinstag

Wie der Valentinstag zum Fest der Liebenden wurde, wird wohl immer ein Geheimnis bleiben. Es wird berichtet, daß zwei Märtyrer, beide mit Namen St. Valentin, während der Christenverfolgung des Kaisers Claudius hingerichtet wurden, und daß beide am 14. Februar 270 n. Chr. starben. Aber die Art, in der wir diesen Tag heute feiern, hat mit diesem Ereignis nichts mehr zu tun.

Ein heidnisches Fest

Der Valentinstag, wie wir ihn heute kennen, könnte von den Luperkalien herrühren, einem heidnischen Fest, das Mitte Februar gefeiert wurde. Bei diesem Fest fanden Fruchtbarkeitsriten statt, wobei die Jungen die Namen der Mädchen aus einer Liebesurne ziehen mußten. Dieses Fest kann sich zu einem christlichen Festtag verwandelt haben, der mit dem Tag des auf dem Kalender nächstliegenden Heiligenfests verbunden wurde, dem St. Valentinstag.

Valentinskarten

Die ersten Valentinskarten stammen aus dem 16. Jahrhundert, als in der Frühzeit des englischen Postwesens kunstvolle spitzenbesetzte Papierkarten mit Versen gedruckt wurden. Die heute in England gängige Praxis, sein Schreiben nicht zu unterzeichnen, fügt dem Ereignis noch eine Art von verspieltem Geheimnis hinzu. Sie können Ihre eigenen Valentinskarten anfertigen, indem Sie einfach Ihren Vers auf ein Stück Karton schreiben und darum einen Rahmen aus gepreßten Blumen, zum Beispiel Veilchen oder Primeln, aufkleben.

Rote Rosen

Seit langer Zeit ist die rote Rose ein Symbol wahrer Liebe und wird heute mit dem Valentinstag verbunden. Das ist natürlich eine Neuerung jüngeren Datums, da Rosen in einem kühleren Klima zu dieser Jahreszeit noch gar nicht blühen und nur zu sehr hohen Preisen erhältlich sind.

Rosen lassen sich jedoch sehr gut trocknen, und rote Rosen bewahren über Monate hinweg ihre intensive Farbe, wenn sie korrekt getrocknet wurden (siehe S. 94). Eine einzelne Blume zur Verzierung an einem Geschenk ist ein dauerhaftes Erinnerungsstück. Aber auch ein Trockenblumen-Arrangement, das einige rote Rosen enthält, kann ein zauberhaftes Geschenk darstellen.

Valentinsherz
Ein Herz aus roten Rosen im viktorianischen Stil ist ein außerge-
wöhnliches Geschenk zum Valentinstag.

Ein Herz aus roten Rosen

Sie benötigen: 3 Rollen aus moosgefülltem Kükendraht in den Längen 1,15 m, 38 und 10 cm; silbern
besprühte Baumheide, kleinköpfige
Segge und achtzig rote Rosen.

1 Biegen Sie die lange Rolle zu
einer Herzform und binden Sie sie
am oberen Ende mit Bindedraht
zusammen. Drahten Sie die silber-
farbige Baumheide fest, wobei sich
die Zweige überlappen sollten, um
den Rahmen zu kaschieren.

2 Pressen Sie die kürzere Rolle
rechtwinklig gegen die mittlere,
verbinden Sie beide zu einer »T«-
Form und biegen Sie die kleinere
dann zu einer Pfeilspitze.

3 Unterteilen Sie die Ähren der
Segge in kleine Büschel von zuneh-
mender Länge. Mit Bindedraht
befestigen Sie das kürzeste Büschel
am oberen Ende des Pfeilschaftes.

4 Umhüllen Sie mit den Seggeäh-
ren zwei Drittel des Schaftes. Befestigen Sie mit Bast zwei kleine Seg-
gebüschel an beiden Seiten der
Pfeilspitze.

5 Stecken Sie den Pfeil von hinten
diagonal durch die Mitte des Her-
zens, bis die Pfeilspitze etwa
5–7,5 cm hervorsteht. Mit Bindedraht fixieren.

6 Knüpfen Sie ein Silberband oder
auch eine Bastschleife sorgfältig
um den Pfeilschaft und bedecken
Sie auf diese Weise vollständig den
letzten Drahtknoten.

7 Anschließend stecken Sie die
Rosenstiele, deren Enden ange-
spitzt werden, in die Herzform.
Schneiden Sie alle überstehenden
Stengel ab.

1. April

Der erste Tag des Monats April ist ein Tag, an dem man seinen Freunden und Nachbarn kleine Streiche spielt. Niemand weiß genau, wo oder wie diese uralte Tradition entstand. Eine mögliche Erklärung geht bis in die Römerzeit zurück. Anfang April feierten die Römer die Cerealien, deren Ursprung in der folgenden Geschichte erklärt wird. Als Proserpina, die Tochter der Ceres, Blumen in den Elysischen Gärten pflückte, wurde sie von Pluto in die Unterwelt entführt. Ceres machte sich auf den Weg, Proserpina zu suchen. Aber obwohl sie das Rufen ihrer Tochter hörte, konnte sie Proserpina nicht finden, denn ihre Schreie waren nur ein Echo – man hatte Ceres zum Narren gehalten.

Gebräuchliche Ausdrücke

In Frankreich nennt man einen Aprilnarren *Poisson d'Avril* oder »Aprilfisch«. Das könnte darauf zurückzuführen sein, daß das Tierkreiszeichen der Fische kurz vor Anfang des Monats April endet. Andererseits kann der Begriff »Aprilfisch« auch deshalb entstanden sein, weil im April die Fische noch jung und daher dumm sind: Sie sind dann besonders leicht zu fangen. Welche Theorie nun auch zutrifft, der Brauch ist der gleiche: Man versucht, einen Freund, einen Nachbarn oder einen Verwandten auf den Arm zu nehmen.

In Schottland findet am ersten April traditionellerweise die »Gauchjagd« statt. Ein »Gauch« ist ein Kuckuck, den man dort für einen dummen Vogel hält, und man nennt einen Aprilnarren auch »Aprilgauch«.

Aprilscherze

Die in Europa am weitesten verbreitete Erklärung der Gebräuche am ersten April ist die Annahme, daß sie mit dem alten Neujahrsfest zusammenhängen. Früher begann das neue Jahr am 25. März; die Festlichkeiten dauerten eine Woche und endeten am 1. April. Im 16. Jahrhundert wurde der Neujahrstag auf den 1. Januar verlegt, und damit gleichzeitig auch der Brauch, als Willkommensgruß des neuen Jahres Geschenke zu verteilen. Möglicherweise waren die Menschen über die Einführung des neuen Kalenders verärgert und beschlossen, sich weiterhin am 1. April zu beschenken, allerdings mit Geschenken scherzhafter Natur.

Seit einigen Jahren sendet die BBC am 1. April in den Nachrichten auch witzige Falschinformationen. Vor ungefähr zwanzig Jahren berichtete eine bemerkenswerte Reportage von der überraschend frühen Spaghetternte der italienischen Spaghettibäume. In dieser Reportage zeigte die BBC einen Film, in dem Spaghettibündel von den Bäumen »gepflückt« wurden. Es erscheint unglaublich, daß einige Zuschauer auf diese Geschichte hereinfielen, aber es war überzeugend gemacht, und die Menschen waren damals noch weniger weitgereist.

Es ist immer ein großer Spaß, besonders den Kindern in der Familie einen Streich zu spielen. Vielleicht gefällt Ihnen der Gedanke, Sie zum Frühstück mit einem Häschen oder einem anderen Kuscheltier aus Kükendraht und Moos zu überraschen?

Dieses niedliche Häschen aus Kükendraht ist leicht anzufertigen (siehe S. 77).

Freundliche Mooskaninchen
Diese natürlich aussehenden
Kaninchen aus Moos können am
Morgen des ersten April im Gar-
ten sehr überzeugend wirken.

So entsteht ein Mooskaninchen

Sie benötigen dazu Kükendraht, Heu, frisches Islandmoos und eine Rolle Bindedraht.

1 Biegen Sie den Kükendraht in die Form eines Kaninchenrumpfs. Die Pfoten und das Schwänzchen formen Sie aus kleineren Stükken Kükendraht, die Sie mit Bindedraht am Rumpf befestigen.

2 Füllen Sie den Rumpf, die Pfoten und das Schwänzchen mit Heu. Knoten Sie den Bindedraht am Rumpf fest und befestigen Sie das Moos am Körper, wobei sich die einzelnen Moosbüschel überlappen. Der Bindedraht wird fest um Gestell und Moos gewickelt. Verfahren Sie genauso beim Kopf, den Pfoten und dem Schwänzchen.

Ostern

Das Wort »Ostern« leitet sich vom Namen der angelsächsischen Frühlingsgöttin *Eostre* oder *Ostara* ab und stand schon immer im Zusammenhang mit dem Monat April oder dem *Eostre monath*.

Die Christen feiern das Osterfest schon seit den frühen Anfängen der Kirche an unterschiedlichen Tagen im April oder kurz davor. Obwohl es an die Auferstehung von Jesus Christus erinnert, wird es im Neuen Testament nicht erwähnt. Die frühen Christen feierten weiterhin die jüdischen Feste. Das Passah-Fest (im Hebräischen *pesach*) mit Christus in der Rolle des Osterlamms, wurde dann zum christlichen Osterfest. In vielen Ländern stammt der Name des Festes vom lateinischen Wort *Pascha* ab; die französische, italienische, spanische und niederländische Bezeichnung ist dem lateinischen Begriff sehr ähnlich. Kaiser Konstantin gebot, daß Ostern, das wichtigste Fest im christlichen Jahr, auch der erste Tag des neuen Jahres sein sollte. Dies änderte sich erst im 16. Jahrhundert, als der Neujahrstag auf den 1. Januar verlegt wurde.

Das Datum

Ostersonntag ist der erste Sonntag nach dem Vollmond, der auf die Tagundnachtgleiche im Frühling folgt. Daher ändert sich das Datum von Jahr zu Jahr, und streng genommen auch von Ort zu Ort. Es gab viele Diskussionen über diese Datierung, und deshalb wurden im Jahre 455 n. Chr. die römische und die alexandrinische Osterfeier um acht Tage voneinander getrennt.

Mit der Einführung des gregorianischen Kalenders im Jahre 1582 wurde der Ostersonntag, obwohl er weiterhin von Jahr zu Jahr differiert, für die ganze Welt auf den gleichen Tag festgesetzt. Dennoch geht die Debatte darüber weiter, ob man den Ostersonntag nicht jedes Jahr am gleichen Tag feiern sollte. Heute kann der Ostersonntag zwischen Ende März und dem letzten Aprilsonntag liegen.

Ostereier

Das Ei ist seit langer Zeit nicht nur ein Symbol der Geburt, sondern auch ein Zeichen des kommenden Frühlings. Daher ist es nicht verwunderlich, daß die frühen Christen dieses heidnische Symbol mit dem Fest in Verbindung brachten, das dem heidnischen Frühlingsfest am nächsten lag, dem Osterfest.

Während der Fastenzeit war es verboten, Eier zu essen. Deshalb nahm man zu Ostern Körbe mit Eiern mit in die Kirche, ließ sie segnen und aß sie anschließend bei einem großen Fest. Auf dem Land sammelten die Kinder zu Ostern ihre Eier bei Freunden und Nachbarn ein. Im 17. Jahrhundert begann man, die Eier mit Pflanzenfarben zu verzieren. Bis heute haben sich in vielen Landstrichen ausgesprochen künstlerische Techniken erhalten.

Auf der nördlichen Halbkugel öffnen sich zu Ostern die ersten Frühlingsblumen. Zur gleichen Zeit brüten die Vögel ihre Jungen aus. Deshalb ist ein Nest aus getrockneten Blumen, in dem sich einige farbenfroh bemalte Eier verstecken, traditionellerweise die schönste Osterdekoration.

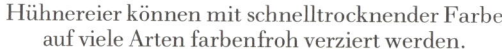

Hühnereier können mit schnelltrocknender Farbe
auf viele Arten farbenfroh verziert werden.

Ein Osternest
Ein Grundgestell aus Kükendraht, mit Heu und Zweigen bedeckt, bildet hier das Nest. Strohblumen, *Limonium sinuatum*, *Silene pendula*, *Anigozanthos* sp. und *Pithocarpa corymbulosa* wurden in die mit Heu bedeckte Steckmasse hineingedrückt. Vorne schmiegen sich bunte Ostereier ins Nest.

Halloween

Halloween, der Abend vor Allerheiligen (1. November), wurde im angelsächsischen Kulturraum bereits in früheren Zeiten gefeiert und hatte schon immer etwas Gespenstisches an sich.

Ein heidnisches Fest

Unsere Vorfahren hielten Halloween für die Nacht, in der böse Geister, Hexen, Dämonen, Gespenster und Kobolde überall umherwanderten und ihr Unwesen trieben. Sie entzündeten deshalb Freudenfeuer, um diese bösen Geister zu vertreiben. Die Kelten und Angelsachsen feierten am Abend vor Allerheiligen ein Feuerfest, um ihre Ernte vor den bösen und dunklen Geistern der Wintersonnenwende zu schützen, die in den ersten Novembertagen beginnt. In dieser Jahreszeit entzündeten auch die Druiden Freudenfeuer zu Ehren ihres Sonnengottes. Allerheiligen bzw. Allerseelen wurden von Papst Bonifatius IV. eingeführt, der sich bemühte, die heidnischen Riten abzuschaffen, und sicherstellen wollte, daß das Pantheon in Rom, das als Tempel der früheren Götter gebaut worden war, künftig als eine christliche Kirche für die Jungfrau Maria und alle Märtyrer verwendet wurde. Dennoch wird in England und Nordamerika am 31. Oktober weiterhin die heidnische Tradition des Halloween fortgeführt.

Traditionelle Feiern

Die Schotten entzünden Feuer und höhlen Rüben aus. In die Schale der Rübe schneiden sie ein Gesicht, stellen eine angezündete Kerze hinein und nennen es Kürbislaterne. Die Amerikaner feiern Halloween erst seit dem späten 19. Jahrhundert und verwenden selbstgezogene Kürbisse anstatt der schottischen Rüben. Die Briten haben den Kürbis mittlerweile übernommen, weil er eine wunderbar durchschimmernde Schale besitzt und sich wesentlich leichter aushöhlen läßt als eine Steckrübe.

Es waren die Amerikaner, die das Spiel einführten, einen Apfel nur mit den Zähnen aufzunehmen, während er in einer Schüssel mit Wasser schwimmt. Dieses Spiel findet in vielen Teilen Amerikas noch heute neben dem aus jüngerer Zeit stammenden »Apfel-oder-Streich«-Spiel statt. Dies ist ein Brauch, bei dem in Kostüme, Dämonenmasken und Hexenumhänge gehüllte Kinder in Scharen in der Nachbarschaft umherziehen und jeden, der ihnen die Tür öffnet, fragen: »Apfel oder Streich?« Gewöhnlich gibt man ihnen Süßigkeiten oder Kuchen als Tribut, aber einige mutigere Hausbesitzer entscheiden sich auch für den Streich.

Erntefest

Da in der Halloweenfeier auch die Nebenbedeutung eines späten Erntefestes enthalten ist, eignet sich getrocknetes Pflanzenmaterial hervorragend als Dekoration. Flaschenkürbisse, Weizen, Hafer, Gerste und Maiskolben sowie frisch ausgehöhlte Kürbisse und Rüben können für einen gespenstischen Effekt verwendet werden. Stellen Sie einfach angezündete Kerzen oder Fackeln in die Kürbisköpfe und beobachten Sie das bewegte Spiel der Schatten.

Halloween-Party
Der Schattenwurf macht aus den Vogelscheuchen böse Geisterfiguren (rechts), während die leuchtenden Kürbisgesichter boshaft grinsen. Farbenfrohe Flaschenkürbisse sehen ganz besonders prächtig aus (unten).

So entsteht eine Vogelscheuche

Sie benötigen dazu einen Blumentopf mit einem Durchmesser von 35 cm, Steckmasse, Gips, einen 1,30 m langen und 2,5 cm dicken Stock, Sphagnum, Bindedraht, einen Reisigbesen oder Besenginsterzweige, etwas Heu, zwei Büschel getrockneten Weizen, einen Stab von 75 cm Länge und 12 mm Dicke, etwas Bast und einen Kürbis.

1 Kleiden Sie den Topf mit Steckmasse aus und stellen Sie einen ziemlich dicken Gipsbrei her. Stecken Sie den Stock mit der Spitze nach oben in den Topf und gießen Sie den Gips hinein, bis der Topf ungefähr dreiviertelvoll ist. Bedecken Sie alles mit Sphagnum oder Flechten.

2 Den Besen am Stock festbinden. Das obere Ende des Stiels sollte bis etwa 15 cm unter das obere Stockende reichen.

3 Befestigen Sie den kürzeren Stab nun im rechten Winkel am Stock, und zwar oberhalb des Besens. Drahten Sie die Weizenhalme am Besen fest.

4 Umwickeln Sie die Arme und den Körper über dem »Röckchen« mit Heu und befestigen Sie alles mit Bast. Knoten Sie einen geflochtenen Bastgürtel um die Taille.

5 Höhlen Sie den Kürbis aus und schnitzen Sie ihm ein Gesicht. Spießen Sie diesen Kopf auf den Stock und stellen Sie eine kleine Kerze hinein.

Weihnachten

Seit Anfang des vierten Jahrhunderts wird Weihnachten als das Geburtsfest Christi am 25. Dezember gefeiert. Davor hatte der Kaiser Aurelian den 25. Dezember zum Geburtstag der unbesiegbaren Sonne ernannt. Bis auf den heutigen Tag enthält das Weihnachtsfest Elemente der Winterriten, die mit dem Sonnenkalender, den sogenannten Kalenden, zusammenhängen.

Weihnachtsdekorationen

Wenn wir unsere Häuser mit grünem Laub und bunten Lichtern schmücken und uns gegenseitig Geschenke machen, befolgen wir einen Teil der alten heidnischen Riten. Tatsächlich holte man die heidnischste aller Pflanzen, die Mistel, ins Haus, und erst seit Papst Gregor I. war die Kirche damit einverstanden, heidnische Bräuche an die christliche Ethik anzupassen.

Als Prinz Albert im Jahre 1845 einige Weihnachtsbäume von seinem Gut in Coburg mit nach England brachte, löste er damit eine ungeahnte Popularisierung dieses Baumes aus. Zuvor hatte der Brauch des Weihnachtsbaums nur in Deutschland eine Rolle gespielt.

Der Weihnachtsmann

Seit dem vierten Jahrhundert kennen wir die Gestalt des Weihnachtsmannes bzw. des Heiligen Nikolaus. Sankt Nikolaus war als Bischof von Myra ein großer Menschenfreund. Eines Tages kletterte der sportliche Bischof am Weihnachtsfest nachts auf ein Hausdach und warf ein Säckchen voll Gold in den Kamin. Es fiel unten in einen zum Trocknen aufgehängten Strumpf, und am nächsten Morgen fand ihn ein sehr erstaunter Mann. Daher also unser Brauch.

Trockenblumen zu Weihnachten

Trockenblumen können entweder allein als Weihnachtsschmuck verwendet werden, oder man mischt sie mit frischen Grünzweigen von Kiefer, Eibe und Stechpalme zu verblüffenden Arrangements. Viele Nadelbaumarten, zum Beispiel Blautanne, Föhre und irische Eibe, lassen sich gut trocknen. Sie können schon lange vor Weihnachten mit getrockneten Blumen und Zweigen von Nadelbäumen Ihren Adventskranz binden oder Korbgestecke, Girlanden und sogar Miniaturbäume zusammenbasteln, wobei Sie sicher sein können, daß sie die gesamten Feiertage überdauern. Wenn Sie die Girlanden mit Zweigen der Stechpalme verzieren wollen, sollten Sie diese erst kurz vor Weihnachten einfügen, da deren Blätter und Beeren in einem warmen Raum bald verwelken.

Weihnachtsfarben

Trockenblumen in leuchtenden Farben wie die Lampionblume, die tiefrote Gartenstrohblume, rote Rosen oder Ackerschachtelhalm, wirken herrlich vor den kräftigen und vollen Grüntönen von Weihnachtsbäumen und immergrünen Zweigen. Das gleiche gilt für die eiskalten Weiß-, Silber- und Blaßblautöne von Schleierkraut und Rittersporn, Strohblumen, dem Laub von Kreuzkraut und Heiligenkraut, von Hortensien und hellblauem Rittersporn. Wenn Sie einen Baum schmücken, ist alles erlaubt, und eine reiche Mischung von Blüten und Farben sieht immer wunderschön aus. Aber auch ein Baum, der nur mit ein oder zwei Farben geschmückt wurde, vielleicht mit Rot und Grün, Rosa und Silber oder Orange und Gold, kann ebenso beeindrucken wie einer, der in allen Regenborgenfarben erstrahlt.

Silberkörbchen wurden mit getrockneten Hortensienblüten gefüllt.

Weihnachtsgirlanden

In der Weihnachtszeit erhellen Ranken aus getrockneten Blumen und Laub das ganze Haus. Kamine, Türrahmen und Treppenhäuser, Tische, Simse und Bilder werden zu neuem Leben erweckt, wenn man sie mit Girlanden verziert. Einige Zweige von noch kräftig grünem Laub ergeben einen zusätzlichen reizvollen Effekt. Aber auch Girlanden, die nur aus getrocknetem Material bestehen, können sehr eindrucksvoll aussehen. Außerdem hat diese Art des Schmucks natürlich den Vorteil, daß Sie ihn schon lange vor Weihnachten in Ruhe herstellen können.

So entsteht eine Girlande

Sie benötigen dazu roten und grünen Bast in verschiedenen Längen, *Picea glauca* (Blaufichte), rote, orangefarbene, gelbe und kleine rosafarbene Strohblumen, *Silene pendula* und leuchtendrote *Physalis alkekengi* (Lampionblume). Sie können entweder bereits gefärbten Bast kaufen oder Naturbast mit matter bzw. glänzender Sprühfarbe einfärben. Kaufen Sie, wenn möglich, lange Stränge von unbehandeltem Bast, und legen Sie ihn in einen alten Pappkarton, bevor Sie ihn an der frischen Luft einfärben.

1 Nehmen Sie einige lange Stränge von rotem und grünem Bast und knoten Sie die Enden mit einem kurzen Stück Bast zusammen. (Sie können diesen Knoten mit einer Schleife verzieren, nachdem die Girlande aufgehängt ist.) Teilen Sie den Zopf nun in etwa zehn dünnere Stränge. Mit einem kurzen Stück Bast knoten Sie nun ein kleines Sträußchen von Blüten mit Grünpflanzen daran fest, und ans Ende knüpfen Sie eine Schleife. Verfahren Sie so mit dem ganzen Zopf. Die angeknüpften Zierelemente sollten so befestigt sein, daß sie nachher, wenn die Ranke aufgehängt wird, gut zu sehen sind.

2 In etwa der Mitte des ersten Strangs befestigen Sie nun einen zweiten Zopf. Knüpfen Sie auch daran wieder kleine Blumenbüschel fest. Wenn Sie beabsichtigen, die Girlande rund um ein Bild oder an den Seiten einer Tür aufzuhängen, müssen Sie die Ausrichtung der Blumen und der anderen Bestandteile auf die Lage der Girlande abstimmen. Daher ist es sinnvoll, in der Mitte der Girlande zu beginnen und sich von da nach außen vorzuarbeiten. Wenn die Girlande an ihrem Platz hängt, können Sie die Blumen und Blätter solange zurechtzupfen, bis sie in die gewünschte Richtung weisen.

Dekoration eines Treppenhauses
Das Geländer ist mit Girlanden aus Bast umwunden, die genauso geschmückt sind wie der kleine Baum aus getrockneten Blumen (siehe S. 86), der auf dem Treppenabsatz steht.

So entsteht ein Bäumchen aus Trockenpflanzen

Sie benötigen dazu Lampionblumen, orangefarbene, gelbe und blaßrosa Strohblumen, *Silene pendula*, 5–7,5 cm lange Blaufichtenzweige, Islandmoos, dunkelgrün gefärbtes Moos und Blumendraht in etwa 7,5 cm langen, haarnadelförmig gebogenen Stücken zur Befestigung der Dekoration.

Beginnen Sie an der Spitze und heften Sie mit den Haarnadelklammern das Islandmoos auf das Grundgestell. Mischen Sie beide Moosfarben möglichst gleichmäßig. Als nächstes fügen Sie die Fichtenzweige hinzu und danach die restlichen Zutaten.

Weihnachtskorb

Verzwirbelte Tartanbänder fliegen in diesem wilden Arrangement durch die bizarr verkrümmten Haselzweige. Sie entspringen leuchtend scharlachrot und grün gefärbten Mohnkapseln und frischen Tannenzweigen.

Kühler, eleganter Weihnachtsbaum
(nächste Seite)
Die Silberkörbchen, gefüllt mit getrockneten Hortensienblüten (siehe S. 83) und
das mit Glitzer bestäubte weiße Schleierkraut verleihen diesem Weihnachtsbaum seinen eleganten Glanz.

Geburtstag

Blumen sind seit Jahrhunderten in der ganzen Welt ein traditionelles Geburtstagsgeschenk, und es fällt schwer, sich ein schöneres Präsent vorzustellen. Frische Blumen sind wunderbar, und ihre Vergänglichkeit ist ein Teil ihres Charmes. Dennoch sind getrocknete Blumen ein wesentlich überzeugenderes Geschenk. Denn während bei frischen Blumen nach ungefähr einer Woche die Blätter abfallen, sehen getrocknete Blumen auch nach einem Jahr noch wunderhübsch aus.

Blumen und ihre Bedeutung

Jede Blume hat eine spezielle Bedeutung. Wenn Sie also Blumen als Geschenk überreichen, übermitteln Sie damit auch eine Botschaft. Rote und rosafarbene Rosen stehen für die Liebe; weiße Rosen bedeuten Unschuld. Vermeiden Sie es, gelbe Rosen zu verschenken, denn sie stehen für Eifersucht. Der Klatschmohn bedeutet ein langes Leben, während die Clematis an die Reinheit der Gedanken erinnert. Das Veilchen steht für Treue und Ehrlichkeit und der Rosmarin für Erinnerungen. All diese Pflanzen können getrocknet und in Arrangements verwendet werden.

Darüber hinaus wird jedes Tierkreiszeichen mit einer bestimmten Blume in Verbindung gebracht, von denen die meisten auch getrocknet werden können. Warum schenken Sie daher nicht einmal ein Trockenblumen-Bukett oder ein Arrangement in einem Gefäß, in dem nur die Blumenart vorkommt, die das Sternzeichen des Beschenkten symbolisiert? Andererseits können Sie auch Blumen in den Farbtönen wählen, die zu diesem Sternzeichen gehören. In einigen Fällen läßt sich sogar beides miteinander verbinden! Die Blume des Widders z. B. ist die Anemone, und seine Farbe ist rubinrot. Vergißmeinnicht und die Farbe Türkis gehören zum Sternzeichen des Stier. Das Maiglöckchen und die Farben Grau und Gelb stehen für den Zwilling, Magnolien, Weiß und Meergrün für den Krebs. Ringelblumen und Orange verkörpern den Löwen, Lavendel, Grau und Gelb die Jungfrau, Lilien, Rosa und Blau die Waage. Orchideen und die Farbe Rubinrot stehen für den Skorpion, Gartennelke und Purpur für den Schützen, Mohn, Marineblau, Schwarz und Weiß für den Steinbock. Enzian und Königsblau schließlich gehören zum Wassermann, Gardenien und Aquamarinblau stehen für das Zeichen der Fische.

Sträußchen und Buketts

Geburtstagsgeschenke aus getrockneten Blumen können viele verschiedene Formen haben. Das einfachste Arrangement, das man verschenken kann, ist ein zartes Blumensträußchen oder ein kleines Bukett (siehe S. 16). Ein Strauß, der von einer hübschen Schleife zusammengehalten wird, kann sehr ansprechend aussehen. Wenn Sie die Blumen in Ihrem eigenen Garten ziehen, ist es sinnvoll, beim Trocknen immer schon einige gemischte Sträuße aus Blumen, Blättern und Samenköpfen zusammenzustellen. So haben Sie jederzeit ein fertiges Geschenk. Vielleicht wickeln Sie sie hübsch ein oder binden die Sträuße einfach mit einer Bast- oder Satinschleife zusammen. Wenn Sie ein Arrangement anfertigen möchten, das etwas spezieller ist, sollten Sie Blumen und Blätter wählen, die zur Ausstattung und den Möbeln im Haus des Beschenkten passen.

Duftende Geschenke

Duftende Trockenblumen, beispielsweise Potpourri, sind ein Geschenk, das einem Raum über Monate hinweg einen dezenten Wohlgeruch verleiht. Sie können das Potpourri als Grundlage eines Arrangements verwenden oder bei einem Gesteck in einem Glasgefäß eine dünne Schicht duftender Blütenblätter in den schmalen Spalt zwischen Glas und Steckmasse geben. Dadurch sieht die Vase so aus, als wäre sie vollständig mit Potpourri gefüllt, und das Geschenk wird angenehm duften. Selbst eine Geburtstagskarte kann mit getrockneten Blumen verziert werden. Warum nehmen Sie nicht einmal handgeschöpftes Büttenpapier und kleben einige gepreßte Blüten oder einfach eine aparte Einzelblüte auf die Vorderseite?

Ein prächtiges Geburtstagskörbchen, mit Bändern verziert und hübsch eingepackt (siehe S. 90).

Geburtstagskorb
Ein hölzerner Korb mit duftendem Potpourri wurde mit roten Rosen, Mohn,
rosa Rittersporn, Lampionblumen, Färberdistel und *Alchemilla mollis* gefüllt
und stellt ein wirklich prachtvolles
Geschenk dar. Wickeln Sie es in Zello-
phan und schmücken Sie es mit ein paar
roten Bändern (siehe S. 89).

TROCKNEN
UND
KONSERVIEREN

Blätter und Blütenknospen der *Senecio greyi* umgeben hier eine wunderschön
cremefarbene Päonie, die mit einem Trockenmittel getrocknet wurde.

Es gibt verschiedene Methoden, mit denen man Pflanzenmaterial trocknen und haltbar machen kann. Die leichteste und effektivste Trockenmethode ist das Trocknen an der Luft. Bringen Sie das Material einfach an einen kühlen, trockenen und schattigen Platz mit guter Luftzirkulation. Normalerweise ist es am besten, die Pflanzen kopfüber aufzuhängen, und zwar entweder jeden Stengel einzeln oder in lockeren Büscheln. Wenn Sie die Pflanzen lufttrocknen wollen, müssen Sie die Blumen in trockenem Zustand ungefähr vier Tage vor ihrer vollen Blüte pflücken, Blätter und Samenkpaseln hingegen dann, wenn sie reif sind. Die Qualität Ihrer Arrangements hängt sehr stark von der Qualität Ihres Rohmaterials ab. Sie müssen die Pflanzen säubern und, wenn sie in Bündeln aufgehängt werden, die unteren Blätter, die auf der Höhe des Bindeknotens sind, entfernen.

Sie können das Pflanzenmaterial auch trocknen, indem Sie es zwischen beschwerte Bögen von saugfähigem Papier legen (Löschpapier oder Zeitungspapier) und pressen. Aber diese Methode liefert immer nur zweidimensionales Pflanzenmaterial, das sich lediglich zur Dekoration glatter Oberflächen eignet. Ein etwas schwierigeres Trockenverfahren, das Farben und Formen sehr wirkungsvoll konserviert, ist die Verwendung eines Trockenmittels. Legen Sie die Pflanzen in eine Blechdose und geben Sie Silika-Gel, Borax, Alaun, Sand oder eine Kombination dieser Trockenmittel dazu. Verschließen Sie die Dose und geben Sie dem Trockenmittel Zeit, die Feuchtigkeit aus den Pflanzen zu ziehen.

Pflanzen, vor allem Blätter, können auch mit Glyzerin konserviert werden. Legen Sie das Material einfach in eine Lösung aus Glyzerin und Wasser: Die Pflanzen werden die Lösung aufsaugen, bis sie vollständig gesättigt sind. Pflanzen, die man auf diese Weise konserviert, können sich viele Monate lang halten. Darüber hinaus bleibt das Pflanzenmaterial biegsam und läßt sich gut verarbeiten. Das Kandieren ist eine exzellente Methode zur Konservierung eßbarer Blüten und Blätter. Der köstliche Überzug aus Zukkerkristallen läßt die Pflanzen wunderschön aussehen und gut schmecken, besonders wenn Sie damit einen Kuchen verzieren.

Trocknen an der Luft

Das Trocknen an der Luft ist die einfachste und effektivste Methode, Pflanzenmaterial haltbar zu machen, und die meisten Pflanzen, die bei den Arrangements in diesem Buch verwendet wurden, sind luftgetrocknet. Abhängig von der Pflanzenart kann das Material entweder kopfüber hängend, aufrecht in einem Gefäß stehend oder flach auf dem Boden liegend getrocknet werden.

Am besten breiten Sie das Pflanzenmaterial in einem Raum aus, der kühl, trocken, gut belüftet und dunkel ist, obwohl die Pflanzen sich auch in einem wärmeren Raum oder einem Schrank ohne Luftzirkulation trocknen lassen. Es ist jedoch zwingend notwendig, daß der Raum trocken und dunkel ist. Wenn er nicht trocken ist, kann das Pflanzenmaterial verfaulen, besonders wenn sich die Stengel und Blüten gegenseitig berühren, wie das etwa bei einem aufgehängten Büschel an dessen Knotenpunkt der Fall ist. Ist der Raum zu hell, werden die Blumen extrem schnell verblassen.

Der richtige Zeitpunkt für die Ernte

Sie sollten alle Pflanzen bei trockenem Wetter pflücken, vorzugsweise um die Mittagszeit oder am frühen Nachmittag, wenn jeglicher Tau verdunstet ist. Eine Blume muß immer ungefähr vier Tage vor ihrer vollen Blüte gepflückt werden. Zum Beispiel sollten Sie eine Rose dann pflücken, wenn die Knospe eine prächtige Farbe hat und kurz vor dem Öffnen steht.

Hängend trocknen

Die bekannteste Methode der Lufttrocknung ist das Aufhängen des Materials. *Helichrysum bracteatum*, Statice, Hybrid-Teerosen, alle Sonnenflügel-Arten, *Delphinium ajacis*, Lampionblumen, Hortensien, Schafgarbe, *Ammobium alatum* und Dahlien trocknen mit dieser einfachen Methode am besten.

Bevor Sie die Pflanzen aufhängen, entfernen Sie alle unteren Blätter und tupfen die Stiele mit einem Küchentuch oder einem Papiertuch trocken. Dann binden Sie die Stiele mit Bast, Kordel oder einem Gummiband zu Bündeln zusammen. Achten Sie darauf, daß die Stengel unterhalb des Knotens kurz genug sind, um die Bündel kopfüber aufhängen zu können. Fächern Sie die Blüten, Blätter und Samenkapseln in jedem Büschel etwas auseinander, so daß sich die Blätter und Blütenblätter so wenig wie möglich berühren. Dann befestigen Sie die Büschel oder die einzelnen Stiele mit den Köpfen nach unten an einem Spanndraht oder einer Wäscheleine. Hängen Sie die einzelnen Sträuße so auf, daß sie sich gegenseitig nicht berühren: Es ist besser, nur wenige Blumen gut zu trocknen, als viele Pflanzen so schlecht, daß die ganze Ernte verdirbt und unbrauchbar wird.

Von Zeit zu Zeit sollten Sie die Blumen während des Trocknens überprüfen. Verschiedene Pflanzensorten trocknen auch unterschiedlich lange. Strohblumen und Sonnenflügel trocknen sehr schnell – in ungefähr drei Wochen –, Rosen brauchen etwas länger, während es einige Monate dauert, bis die saftigen Stengel der Fetthenne all ihre Feuchtigkeit verloren haben. Widerstehen Sie der Versuchung, die Pflanzen herabzunehmen, bevor sie vollständig getrocknet sind, sonst werden die Stengel schon bald schlaff und die Blüten zerfallen.

Aufrecht trocknen

Einige Pflanzen lassen sich sehr gut trocknen, wenn man sie aufrecht in ein Gefäß stellt. Schleierkraut, Hortensien und Ritterspornhybriden trocknen besonders gut, wenn Sie sie in ein wenig Wasser stellen, das langsam verdunstet, während Gräser, Binsen, Getreide und viele Samenkapseln am besten trocknen, wenn man sie in eine leere Vase stellt. Sie können sogar direkt nach dem Pflücken zu einem Arrangement zusammengestellt werden und an Ort und Stelle trocknen. Genau wie die hängenden Sträuße trocknen diese Pflanzen in einem kühlen, trockenen, gut belüfteten und dunklen Raum am besten.

Flach trocknen

Einige Pflanzen können zum Trocknen einfach auf den Boden oder in einen Karton gelegt werden. Die meisten laubwechselnden und viele immergrüne Pflanzen lassen sich auf diese Weise trocknen, obwohl ihre Blätter dabei gekräuselte Kanten bekommen können. Moos und Tannenzapfen können zum Trocknen in eine belüftete Kiste oder einen Korb gelegt werden, während große Blütenköpfe wie die der Artischocke, große Disteln, Proteablüten und Maiskolben zum Trocknen an geschützter Stelle auf ein Gitter aus Kükendraht gesteckt werden.

Zarte Blüten am Draht trocknen

1 Halten Sie den Blumendraht an den Stengel, so
daß das Ende den Blüten-
kopf berührt. Legen Sie
das Ende des Rosendrah-
tes um den Stengel.

2 Umwickeln Sie mit dem
Rosendraht den Stengel,
den Blumendraht und das
kürzere Ende des Rosen-
drahtes auf ungefähr
7,5 cm Länge, und schnei-
den Sie den Draht ab.

3 Kaschieren Sie den so
verlängerten Stengel mit
Blumenband. Halten Sie
den angedrahteten Blüten-
kopf nach unten und
beginnen Sie direkt unterhalb des Blütenkopfs.

4 Wickeln Sie das Blumenband nun um den
Drahtstiel, indem Sie den
Draht so drehen, daß sich
das Blumenband spiralför-
mig um den verlängerten
Stengel legt. Lassen Sie
am Schluß das Band ein
wenig über das Ende hin-
ausstehen, drehen Sie es
zusammen und schneiden
Sie es ab.

Kräftige Blütenköpfe andrahten

1 Schneiden Sie den Stengel ungefähr 2,5 cm unterhalb des Blütenkopfes ab.
Zwicken Sie den Blumen-
draht in spitzem Winkel
ab, so daß Sie ihn leicht
durch den Blütenkopf hin-
durchstechen können.
Führen Sie nun den Blu-
mendraht in den hohlen
Stengel ein und schieben
Sie ihn durch Stengel und
Blütenkopf hindurch, bis
er ungefähr 5 cm über-
steht.

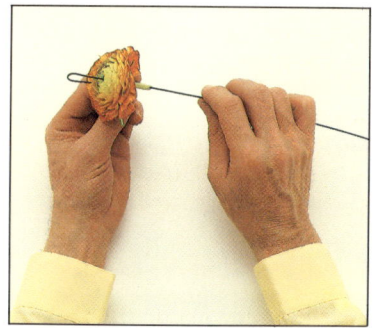

2 Den Draht oben 2,5 cm umbiegen und den Haken zurückziehen,
so daß das offene Ende des »U«
den Blütenkopf durchdringt.

Frische Blumen zu Sträußen binden

Sie benötigen dazu frische Blumen mit langen Stielen, eine Schere und Schnur oder Bast.

1 Schneiden Sie auf Höhe der Bindestelle alle Blätter und Dornen ab.

2 Binden Sie die Stiele lose zusammen und staffeln Sie die Blütenköpfe. Die Luft muß zwischen den Blüten zirkulieren können, damit sie trocknen, ohne zu faulen.

Blüten am Draht

Binden Sie ungefähr fünf Drahtstengel mit einem Gummiband zusammen. Staffeln Sie die Blütenköpfe so, daß sie sich gegenseitig nicht berühren.

Eine Sammlung trocknender Pflanzen

Sträuße von Meerlavendel, Rosen, Schafgarbe und Zwiebel hängen zum Trocknen über einer Vase mit Schleierkraut, das in etwas Wasser steht. Zapfen und Moos trocknen neben Artischockenköpfen, die von Kükendraht gestützt werden.

Rohrkolben haltbar machen

Besprühen Sie die Köpfe des Rohrkolbens mit Haarlack, um sie zu fixieren und ein Aufspalten während des Trocknens zu verhindern.

Sandimmortelle
Ammobium alatum

Leucodendron
Leucodendron stelligenum

Silberdistel
Carlina acaulis

Zinnoberrote Floribunde
Rosa cv.

Zylinderputzer
Callistemon subulatus

Kolbenmais
Zea mays 'Rainbow'

Stumpfblättriger Ampfer
Rumex obtusifolius

Färberdistel
Carthamus tinctorius

Flughafer
Avena fatua

Goldrute
Solidago canadensis

Pressen

Das Pressen ist eine der einfachsten Methoden, Blumen und Blätter zu trocknen. Sie können dazu entweder eine Pflanzenpresse benutzen, die Sie selbst herstellen, oder eine, die Sie fertig montiert in einem Laden kaufen. Sie können kleinere Pflanzen auch zwischen den Seiten eines schweren Buches pressen, größere Stengel hingegen unter einem Teppich. Welche Methode Sie auch verwenden: Legen Sie das Pflanzenmaterial immer zwischen mehrere Lagen saugfähigen Papiers, zum Beispiel Löschpapier oder Zeitungspapier. Auf diese Weise wird die Pflanze gleichzeitig gepreßt und getrocknet. Wenn Sie ein Buch als Presse verwenden, ist es sinnvoll, weitere Bücher darauf zu stapeln, um den Druck zu erhöhen.

Bau und Benutzung einer Blumenpresse

Es gibt verschiedene Möglichkeiten, sich eine eigene Presse zu bauen. Am einfachsten ist es, zwei Sperrholzbretter so zurechtzusägen, daß Sie zwei identische Rechtecke von der Größe eines großen Buchdeckels erhalten. Bohren Sie in jede Platte vier Löcher, und zwar eins in jede Ecke. Führen Sie bei einem Brett durch jedes der Löcher eine Schraube. Die Schrauben sollten Flügelmuttern haben, mit denen später die beiden Platten zusammengepreßt werden. Nun schneiden Sie aus Löschpapier mehrere rechteckige Stücke in einer Größe, die zwischen die Schrauben paßt, sowie halb so viele Lagen aus Pappe von gleicher Größe. Legen Sie nun eine Pflanze zwischen zwei Lagen von Löschpapier bzw. einen in der Mitte gefalteten Bogen doppelter Größe. Dieses Päckchen kommt auf den Boden der Presse. Darauf legen Sie ein Stück Pappe und das nächste »Sandwich« aus Pflanzen und Löschpapier. Füllen Sie auf diese Weise die gesamte Presse, immer in der Reihenfolge: Löschpapier, Pflanzen, Löschpapier, Pappe. Die Pappe ist deshalb so wichtig, weil sie verhindert, daß die Umrisse der Pflanzen einer Schicht Abdrücke in der benachbarten Schicht hinterlassen. Bedecken Sie das gesamte Sandwich mit der zweiten Holzplatte, wobei die Schrauben aus der ersten Platte durch die Löcher in der zweiten Platte herausragen. Ziehen Sie diese Platte mit den Flügelmuttern fest.

Sie können auch eine größere Presse in der Art derjenigen auf der gegenüberliegenden Seite aus zwei Hartholzplatten herstellen. Statt in jede Ecke Schraubenlöcher zu bohren, spannen Sie die beiden Platten mit einer Nylonschnur fest zusammen, die Sie an zwei auf der Oberseite angebrachten Klampen festknoten.

Zum Pressen geeignete Pflanzen

Zu den Pflanzen, die sich am besten zum Pressen in einem Buch oder einer Blumenpresse eignen, gehören Veilchen, Primeln und hohe Schlüsselblumen, Hortensien (sowohl die wuschelköpfige als auch die Spitzenhäubchen-Hortensie), einzelne Rosen, Gartenwicke, alle Gänseblümchenarten, Nieswurz und Klatschmohn. Dicke Blumen mit vielen Blütenblättern lassen sich nicht so gut pressen, da es recht schwierig ist, sie so zu legen, daß die überlappenden Blütenblätter beim Pressen nicht zusammenklumpen oder sich gegenseitig verbiegen. Wenn Sie aber die heranwachsenden Blumen sorgfältig auswählen und sie vor dem Pressen auf eine saugfähige Unterlage legen, so daß ihre Blütenblätter in die gewünschten Richtungen zeigen, kann sogar eine gefüllte Päonie nach dem Pressen noch wunderhübsch aussehen. Auch kleinere Blattpflanzen, z. B. Farn, *Senecio greyi*, Orangenblume, Wollziest und einzelne Blätter von Bäumen, lassen sich sehr gut pressen.

Größeres Laubwerk, z. B. von der Buche, vom Ahorn, von Esche, Platane und Bambus, trocknet man am besten unter einem Teppich oder einer Matratze. Legen Sie sie aber nicht in einem zu belebten Teil des Hauses aus, wo man häufig darüber hinwegtrampelt, und packen Sie das Pflanzenmaterial zwischen dicke Lagen von Zeitungspapier.

Spitzenhäubchen-Hortensie
Hydrangea macrophylla

Stiefmütterchen
Viola x *wittrockiana*

Kreuzkraut
Senecio greyi

Wollziest *Stachys lanata*

Gebrauch einer Presse

Decken Sie das untere Brett der Presse mit einem Stück Pappe ab und legen Sie darauf einen gefalteten Bogen Löschpapier. Zwischen die beiden Lagen Löschpapier kommt das Pflanzenmaterial und auf das Löschpapier ein weiteres Stück Pappe. Fahren Sie so fort, bis die Presse gefüllt ist.

Blüten mit dicken Staubgefäßen pressen

Sie benötigen dazu eine Presse, Löschpapier, Pappe, Steckmasse, ein Messer, eine Schere und Pflanzenmaterial.

1 Legen Sie die Blüten auf die untere Hälfte des Löschpapiers und schneiden Sie in das Oberteil Löcher in der Größe der Blütenmitten. Dann falten Sie das Papier zusammen.

2 Schneiden Sie aus Steckmasse eine Platte zurecht, deren Dicke den Blüten entspricht. Auch hier schneiden Sie Löcher in der Größe der Blütenmitten aus. Legen Sie die Platte dann auf das Löschpapier. Decken Sie den Trockenschaum mit Pappe ab und füllen Sie die Presse mit weiteren Schichten auf.

Ein Buch als Presse

Sie können die Blumen auch zwischen Lösch- oder Zeitungspapier in einem Buch pressen. Legen Sie zum Beschweren weitere Bücher darauf.

Kälberkropf
Chaerophyllum temulentum

Stiefmütterchen
Viola x wittrockiana

Frauenfarn
Athyrium filix-femina

Anemone
Anemone coronaria

Kreuzkraut
Senecio greyi

Lachenalie
Lachenalia aloides

Wuschelköpfige Hortensie
Hydrangea macrophylla

Feldahorn
Acer campestre

Spitzenhäubchen-Hortensie
Hydrangea macrophylla

Wollziest
Stachys lanata

Gemeiner Reiherschnabel
Erodium cicutarium

Trockenmittel

Die meisten Pflanzen können sehr gut mit Hilfe von flüssigkeitsentziehenden Mitteln, zum Beispiel Silika-Gel, Borax, Alaun oder feinem Sand, getrocknet werden. Hervorragende Ergebnisse erzielt man bei Lilien, Päonien, Rosen, Freesien, Narzissen, Kamelien und Orchideen. Die Trockenmittel entziehen den Pflanzen die Feuchtigkeit, während sie sie zugleich fest einbetten. Daher kommen die mit dieser Methode getrockneten Pflanzen ihren frischen Gegenstücken in Farbe, Größe und Struktur sehr nahe. Dennoch hat der Gebrauch von Trockenmitteln auch Nachteile. Silika-Gel, der die Pflanzen am schnellsten austrocknet, ist sehr teuer. Außerdem ist es ziemlich knifflig, mit dem Trockenmittel jede Stelle einer Pflanze zu erreichen.

Feuchtigkeitsentziehende Kristalle

Bevor Sie ein Trockenmittel verwenden, müssen Sie ganz sicher gehen, daß es absolut keine Feuchtigkeit enthält. Man kann die Kristalle des Silika-Gels mit einem eingebauten Farbindikator kaufen. Sind die Kristalle rosa, dann enthalten sie Wasser; haben sie dagegen eine dunkelblaue Farbe, sind sie absolut trocken. Beim Kauf sind die Kristalle ziemlich groß und müssen bis zur Dicke von feinem Kaffeemehl zerkleinert werden. Das geht am besten mit einer Kaffeemühle. Achten Sie aber darauf, daß Sie die Mühle gründlich reinigen, bevor Sie sie wieder für Lebensmittel verwenden. Feuchtes Trockenmittel können Sie gut im Backofen bei schwacher Hitze trocknen. Sie breiten die Kristalle auf einem Backblech aus und lassen sie etwa eine Stunde lang im Ofen. Danach stellen Sie den Ofen ab und lassen das Trockenmittel im Ofen abkühlen, so daß es frei von jeder Feuchtigkeit ist, wenn Sie es verwenden. Falls Sie es nicht sofort benutzen wollen, lagern Sie es in der Zwischenzeit in einem luftdicht verschlossenen Behälter. Borax- und Alaunpulver mischt man am besten mit feinem Quarzsand. Sie können auch reinen Quarzsand verwenden, obwohl das Material dann länger zum Trocknen braucht.

Vorbereitung der Pflanzen

Pflanzen, die mit Trockenmitteln behandelt werden, müssen in bestem Zustand sein. Wenn Sie sie aus Ihrem eigenen Garten holen, pflücken Sie sie vorzugsweise am Nachmittag eines trockenen Tages, damit die Pflanzen so trocken wie möglich sind.

Auf diese Art getrocknetes Pflanzenmaterial neigt dazu, ziemlich brüchig und spröde zu werden. Deshalb ist es sinnvoll, die Blütenköpfe manchmal schon vor dem Trocknen anzudrahten. Blumen mit kräftigen Stielen sollten nicht auf diese Art getrocknet werden, da der Stengel nicht so schnell trocknet wie der Blütenkopf, und so entweder die Blüte zu trocken wird oder der Stengel zu feucht bleibt und verfault, sobald man die Blume aus dem Trockenmittel nimmt.

Der Trockenprozeß

Sie brauchen eine luftdichte Kiste oder eine Dose, die groß genug ist, daß die Pflanzen hineinpassen. Bedecken Sie zuerst den Boden des Behälters mit einer Schicht des Trockenmittels. Dann legen Sie die Blumen auf diese Schicht und geben nach und nach das übrige Trockenmittel hinzu, das Sie mit einem feinen Pinsel so zwischen den Blüten verteilen, daß alle Blätter vollkommen eingebettet sind. Wenn die Pflanzen vollkommen mit Trockenmittel bedeckt sind, verschließen Sie den Behälter und versiegeln ihn mit Klebeband.

Falls Sie kristallisiertes Silika-Gel verwenden, sollten Sie nach zwei Tagen den Trocknungsverlauf überprüfen. Je nach der Menge des zu trocknenden Materials müßten die Kristalle sich mehr oder weniger stark rosa verfärbt haben. Wenn die Blumen trocken sind, nehmen Sie sie sehr vorsichtig aus dem Behälter. Lassen Sie sie nicht zu lange darin, da die Pflanzen sonst spröde und brüchig werden. Pflanzenmaterial, das mit einer Mischung aus Borax- oder Alaunpulver und Quarzsand behandelt wird, benötigt zum Trocknen ungefähr zehn Tage; in reinem Quarzsand getrocknetes Material kann nach drei Wochen weiterverarbeitet werden.

Freesie
Freesia x kewensis

Der Gebrauch von Silika-Gel

Sie benötigen kristallisiertes Silika-Gel, eine Keksdose, einen Löffel, einen Pinsel und einige Blüten.
1 Bedecken Sie den Boden der Dose mit Kristallen und legen Sie einige Blüten darauf.

2 Füllen Sie das restliche Trockenmittel ein und bürsten Sie mit dem Pinsel die Kristalle vorsichtig zwischen die Blütenblätter. Die Dose verschließen und versiegeln. Zwei Tage stehen lassen.

Päonie
Paeonia lactiflora

Inka-Lilie
Alstroemeria ligtu hybrid

Belladonna-Lilie
Amaryllis belladonna

Ranunkel
Ranunculus asiaticus

Weiße Rose
Rosa 'Gruß an Aachen'

Tulpe
Tulipa 'Eros'

Päonie
Paeonia lactiflora

Goldene Rose
Rosa 'Golden Times'

Papageientulpe
Tulipa sp.

Ranunkel
Ranunculus asiaticus

Narzisse
Narcissus 'Golden Harvest'

Lilie
Lilium 'Aristocrat'

Spitzenhäubchen-Hortensie
Hydrangea macrophylla 'Altona'

Narzisse
Narcissus 'Sarah'

Lilie
Lilium speciosum rubrum

Narzisse
Narcissus 'Cheerfulness'

Glyzerin

Die Konservierung von Pflanzen mit Glyzerin beruht nicht darauf, daß man der Pflanze ihren Feuchtigkeitsgehalt entzieht, sondern auf dem Austausch des Wassers durch Glyzerin, das der Pflanze über einen langen Zeitraum hinweg Haltbarkeit verleiht. Nur wenige Blumen können auf diese Weise haltbar gemacht werden, denn in der Hauptsache ist diese Methode für Blätter geeignet.

Kräftige Stengel konservieren

Bei Pflanzen mit kräftigem Stengel bereiten Sie eine Lösung aus sechzig Prozent beinahe kochendem Wasser und vierzig Prozent Glyzerin vor. Diese Mischung muß man kräftig durchrühren. Schneiden Sie die Stengel in einem sehr spitzen Winkel an, wobei braune, verholzte Stengel zusätzlich noch geklopft werden sollten. Dann stellen Sie die Pflanzen in eine Vase, die ungefähr 10 cm hoch mit der heißen Lösung gefüllt wird. Die Stengel sollten in der Vase einen guten Halt haben. Bei Pflanzen mit hohlem Stengel, wie z. B. der Muschelblume, sollten Sie einen Draht in den Stengel einführen, um ein Umknicken zu verhindern. Stellen Sie die Vase an einen kühlen, dunklen Platz und warten Sie etwa sechs bis zehn Tage ab, in denen die Pflanzen die Glyzerinmischung absorbieren. Wenn kleine Glyzerintröpfchen aus dem oberen Teil einer Pflanze austreten, hat die Pflanze genug von der Lösung aufgenommen. Nehmen Sie sie sofort heraus: die Pflanzen werden bei zu hoher Aufnahme von Glyzerin teigig und schlaff. Anschließend waschen Sie die Pflanze gründlich ab.

Blätter haltbar machen

Die meisten Blätter sowohl von laubwechselnden wie von immergrünen Pflanzen und Bäumen können mit Hilfe von Glyzerin haltbar gemacht werden. Diese Methode eignet sich besonders gut für Buchen, Blutbuchen, Eukalyptus, Efeu, Mahonie, Orangenblumenblätter sowie für die Muschelblume. Am besten pflückt man die Blätter im Hochsommer, wenn sie besonders kräftig und reif sind.

Denn da man mit Glyzerin kein unreifes Pflanzenmaterial haltbar machen kann, lassen sich damit auch keine Frühlingsblätter behandeln.

Sie können einzelne Blätter konservieren, indem Sie sie in eine etwas stärkere Lösung (fünfzig Prozent Glyzerin, fünfzig Prozent Wasser) eintauchen. Auf diese Weise lassen sich auch Magnolie, Stechpalme, Aspidistra, Lorbeer, Buchsbaum, Zimmeraralie, Ölweide, Klebsame und einige silberblättrige Pflanzen wie die *Senecio greyi* und der *Phlomis fruticosa* konservieren. Blätter brauchen nur sechs Tage, bis sie die Glyzerinlösung aufgenommen haben. Zu diesem Zeitpunkt werden Sie eine Farbveränderung feststellen. Nehmen Sie die Blätter aus der Lösung und waschen Sie sie gründlich in einer Spülmittellösung aus, bevor Sie sie mit Leitungswasser abspülen. Zum Schluß tupfen Sie die Blätter mit Küchenpapier trocken.

Pflanzenmaterial einfärben

Mit Glyzerin behandelte Pflanzen sind so geschmeidig, als würden sie noch wachsen. Dennoch entzieht diese Methode einer Pflanze viel von ihrer natürlichen Farbe und läßt Blätter trübe und dunkel werden.

Um die Pflanzen vor dem Verfärben zu bewahren, geben Sie einfach etwas wasserlösliches Färbemittel in die Glyzerinlösung. Diese Methode läßt sich bei der Konservierung von Blättern wie von Stengeln anwenden. Kupferroter Farbstoff ist besonders nützlich bei der Präparierung der Blutbuche, da er ihre leuchtende natürliche Färbung bewahrt. Auch Eukalyptusblätter erhalten dadurch einen interessanten und dennoch natürlich wirkenden Farbton. Für die meisten grünen Blätter ist grüne Farbe am besten geeignet. Weitere Ideen zum Färben getrockneten Pflanzenmaterials finden Sie auf Seite 106.

Mooskraut
Selaginella kraussiana

Winterlinde
Tilia x *euchlora*

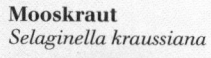

Langstielige Pflanzen haltbar machen

Sie benötigen eine Vase, Glyzerinlösung, eine
Schere und Pflanzenmaterial.
1 Entfernen Sie die unteren Blätter von den
Stengeln.

Blätter haltbar machen

Sie benötigen eine Schüssel, Glyzerinlösung,
Seifenwasser und Blätter.
1 Legen Sie die Blätter in die Glyzerinlösung.

Eukalyptus
Eucalyptus gunnii

2 Die Stengel spitz anschneiden und in eine
halb mit Glyzerinlösung gefüllte Vase stellen.
Zehn Tage an einem dunklen, kühlen Ort
stehenlassen.

2 An einen dunklen Ort stellen, bis sich die
Blätter verfärben. Dann mit Seifenwasser reinigen und trockentupfen.

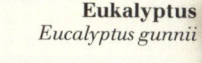

**Groß-
blättriger
Eukalyptus**
*Eucalyptus
dalrympleana*

Wurmfarn
Dryopteris filix-mas

Spitzenhäubchen-Hortensie
Hydrangea macrophylla

Muschelblume
Moluccella laevis

Blutbuche
Fagus sylvatica 'Cuprea'

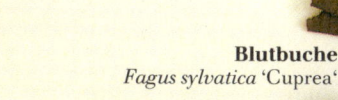
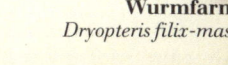

Kandieren

Viele Pflanzen kann man durch Kandieren haltbar machen. Diese Methode bewahrt ihre natürliche frische Schönheit und macht sie eßbar! Verwenden Sie kandierte Blüten nicht nur zur Verzierung von Kuchen, Torten und süßen Puddings, sondern auch beim Dekorieren von pikanten Gerichten.

Wenn Sie Gerichte mit kandierten Blüten schmücken, müssen Sie darauf achten, daß die Pflanzen ungiftig sind. Darüber hinaus sollten Sie Blumen wählen, die von der Größe her zum Gericht passen. Es ist ein häufig vorkommender Fehler, daß Blüten verwendet werden, die viel zu groß für die Oberfläche des Kuchens sind.

Gummiarabikum oder Eiweiß?

Es gibt zwei Methoden des Kandierens: Bei der einen verwendet man Gummiarabikum zum Konservieren des Pflanzenmaterials und bei der zweiten Eiweiß. Blüten und Blätter, die mit Hilfe von Gummiarabikum kandiert werden, sind recht lange haltbar. Man kann Pralinen kaufen, deren Verzierung aus Veilchen oder Rosenblütenblättern auf diese Weise kandiert wurde.

Wenn Ihr Pflanzenmaterial mehrere Monate lang haltbar bleiben soll, müssen Sie Gummiarabikum verwenden. Lösen Sie 12 g Gummiarabikum in einer Viertel Tasse kalten Wassers im heißen Wasserbad auf. Rühren Sie, bis sich die Mischung aufgelöst hat, nehmen Sie sie dann von der Kochplatte und lassen Sie die Lösung erkalten. Währenddessen machen Sie einen Sirup aus einer Viertel Tasse Wasser und 100 g Zucker. Erhitzen Sie ihn auf 80 °C und lassen Sie ihn dann ebenfalls erkalten.

Mit einem Pinsel streichen Sie nun die Gummiarabikum-Lösung auf beide Seiten der Blätter bzw. Blütenblätter. Anschließend pinseln Sie die Zuckerlösung auf. Zum Schluß streuen Sie feinkörnigen Kristallzucker durch ein Sieb über die Pflanzen, bis sie vollständig bedeckt sind. Lassen Sie alles auf fettabweisendem Papier trocknen.

Blüten, die mit Eiweiß kandiert werden, sehen hübscher aus als die mit Gummiarabikum präparierten. Allerdings sind sie nur kurze Zeit haltbar und sollten innerhalb von vier oder fünf Tagen gegessen werden. Da aber auch das Leben eines Kuchens oder einer Torte nur kurz währt, sollte dies eigentlich kein Problem sein. Zum Kandieren mit diesem Verfahren schlagen Sie das Eiweiß, bis es steif ist und eine gleichmäßige Konsistenz hat. Streichen Sie es auf die Blätter oder Blütenblätter und achten Sie darauf, daß beide Seiten gleichmäßig bedeckt werden. Dann bestreuen Sie das Pflanzenmaterial rundum mit feinkörnigem Kristallzucker und legen es auf fettabweisendes Papier. Lassen Sie das Ganze auf einem Blech an einem warmen Ort stehen, zum Beispiel in einem Wäschetrockenschrank, auf einem Heizkörper oder in einem Ofen bei ganz schwacher Hitze. Das Eiweiß wird sich setzen und nach ein paar Stunden getrocknet sein.

Der Geschmack duftender Blüten und Blätter

Auch wenn man sie kandiert, behalten Blüten und Blätter ihren Duft, was ihnen einen ganz besonderen Geschmack verleiht. Kirsch-, Apfel- und Birnenblüten sind ebenso wohlschmeckend wie Akazien- und Holunderblüten. Duftende Rosen, Veilchen, Primeln und hohe Schlüsselblumen schmecken kandiert sehr gut, und Zitrusblüten sind ein absolutes Muß. Dagegen ist der Geschmack der Blütenblätter vieler Zwiebelpflanzen nicht sehr angenehm, mit Ausnahme der kleinen, duftenden Narzisse, die sich sehr gut zum Verzehr eignet.

Kandierte Blätter können sehr hübsch aussehen, besonders wenn man mit ihnen einen Kuchen verziert. Ein prächtiger Schokoladenkuchen mit frischer Pfefferminzglasur und -füllung wird noch köstlicher, wenn man ihn mit kandierten Pfefferminzblättern verziert. Dafür eignen sich auch die Blätter der Zitronenmelisse und duftende Geranienblätter. Auch der kandierte Stengel der *Angelica archangelica* ist etwas Köstliches.

Kissenprimel
Primula vulgaris

Lungenkraut
Pulmonaria saccharata

Mandelblüten
Prunus dulcis 'Rosea-plena'

Narzisse
Narcissus 'Peeping Tom'

Kandieren mit Eiweiß

Sie benötigen leicht geschlagenes Eiweiß, feinkörnigen Kristallzukker, einen Teelöffel, einen Pinsel, ein Kuchengitter und Blütenköpfe.

1 Bestreichen Sie mit einem Pinsel die Blütenblätter mit Eiweiß.

2 Streuen Sie mit dem Teelöffel feinkörnigen Kristallzucker über die Blütenblätter. Achten Sie darauf, daß Sie die Blütenköpfe vollständig bedecken, aber schütteln Sie den überschüssigen Zucker sorgfältig ab.

3 Legen Sie die Blüten zum Trocknen auf ein Kuchengitter. Bei milder Wärme trocknen. Sie können damit einen Kuchen oder eine Torte verzieren, die aber innerhalb von vier Tagen gegessen werden müssen.

Mandelblüten
Prunus dulcis 'Rosea-plena'

Stiefmütterchen
Viola x *wittrockiana*

Mandelblüte
Prunus dulcis 'Rosea-plena'

Stiefmütterchen
Viola x *wittrockiana*

Chrysantheme
Chrysanthemum 'Penny Lane'

Kissenprimel
Primula vulgaris

Blausternchen
Scilla sibirica 'Spring Beauty'

Hohe Schlüsselblume
Primula polyantha

Kamelie
Camellia japonica 'Adolphe Anderson'

Mandelblüten
Prunus dulcis 'Rosea-plena'

Rosenblütenblatt
Rosa cv.

Narzisse
Narcissus 'Peeping Tom'

Hohe Schlüsselblume
Primula polyantha

Kissenprimel
Primula vulgaris

Färben

Viele festliche Arrangements profitieren von ein paar leuchtend gefärbten Trockenpflanzen, und selbst kraftlos wirkendes Material kann durch Färben neuen Schwung erhalten. Es gibt verschiedene Methoden, Pflanzen zu färben, die zu unterschiedlichen Zeitpunkten des Trockenvorgangs durchgeführt werden.

Mit Glyzerin konservierte Pflanzen färben

Wenn Sie zur Glyzerinlösung ein Färbemittel hinzugeben, nimmt die Pflanze gleichzeitig mit der Lösung auch die Farbe auf. Häufig bekommen Blätter eine ziemlich trübe Färbung, wenn sie das Glyzerin aufsaugen. Durch Beimischen von Färbemitteln kann diese triste Nebenwirkung gemildert werden. Ich empfehle für die meisten grünen Blätter eine kräftig grüne Farbe. Dadurch werden die Blätter zwar dunkler als frische Blätter, aber sie sehen sicherlich um einiges besser aus als ungefärbtes Material. Die folgenden Blätter eignen sich besonders für diese Färbemethode: Buche, Eiche, Ahorn, Efeu, Rhododendron, Orangenblume, Kastanie, Farne und einige Moosarten.

Genausogut können Sie mit Glyzerin behandelten Blumen und Blättern auch künstlich verfärben. Versuchen Sie doch einmal ein tiefes Rot bei Eukalyptusblättern und geben Sie ihnen so einen schönen herbstlichen Ton, oder färben Sie Linden- und Blutbuchenblätter rostfarben, so daß sie warm und heiter wirken.

Andererseits können Sie der Glyzerinlösung auch ein Bleichmittel beimischen. Dies hat den gleichen Effekt, als ob Sie das Material in strahlendem Sonnenschein trocknen: Es entzieht sehr stark die natürliche Farbe und verleiht den Pflanzen einen cremigen Farbton. Blasse Hortensienblüten und Muschelblumenstengel gewinnen durch diesen Bleichprozeß, da sie sowieso dazu neigen, bei der Behandlung mit Glyzerin blasser zu werden.

Pflanzen während des Lufttrocknens färben

Wenn Sie Ihre Pflanzen vor dem Lufttrocknen in Wasser stellen, können Sie ein wenig Farbe beimischen. Das Pflanzenmaterial kann dann vor dem Trocknen die Farbe zusammen mit dem Wasser aufsaugen. Für eine ästhetische Gesamtwirkung ist es sehr wichtig, daß die Pflanzen nach dem Trocknen vollkommen natürlich aussehen. Deshalb sollten Sie eine Farbe wählen, von der bereits eine Schattierung in Ihrer Pflanze vorhanden ist. *Erica arborea*, Meerlavendel und Hortensien können auf diese Weise vorteilhaft zur Geltung gebracht werden. Allgemein jedoch ist die Farbe Blau zum Färben am wenigsten geeignet, da sie die Pflanzen oft extrem unnatürlich aussehen läßt.

Pflanzen färben mit Sprühfarben

Es gibt eine große Auswahl von Sprühfarben, mit denen Sie sowohl frische als auch getrocknete Blumen einfärben können. Meerlavendel, der beim Trocknen grauweiß wird, kann in einem natürlich wirkenden Hellgelb- oder Rosaton gefärbt werden. Eine Mischung dieser beiden Farben führt zu einem ausgesprochen dekorativen Apricot- oder Pfirsichton.

Wenn Sie für einen Farbtupfer in einer festlichen Dekoration sorgen wollen, dann sind kräftige Sprühfarben genau das Richtige. Allerdings sollten Sie darauf achten, nicht ins Grellbunte abzusinken – hier gilt ganz besonders die alte Devise: weniger ist mehr. Mohnkapseln und Samenköpfe von Jungfer im Grünen sehen leuchtend rot, leuchtend rosa oder kräftig grün besonders hübsch aus. Tannenzapfen, Nüsse und die zarten Dolden von Liebstöckel, Wiesenkerbel, Koriander und Fenchel wirken sehr festlich, wenn man sie mit Silber- oder Goldfarbe besprüht und die noch feuchte Farbe mit Glimmer bestreut, wenn die glitzernden Kristalle besonders gut haften. Jedoch sollten Sie bei Arrangements, die das ganze Jahr über in der Wohnung stehen, nur Farben verwenden, die weniger auffällig sind und deshalb natürlicher aussehen.

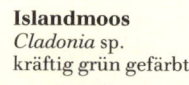

Islandmoos
Cladonia sp.
kräftig grün gefärbt

Verwendung von Farbspray

Nehmen Sie drei oder vier Stengel gleichzeitig und besprühen Sie die Mohnkapseln rundum mit roter Farbe.

Glimmer

Besprühen Sie Tannenzapfen mit Silberfarbe. Dann streuen Sie als glänzendes Extra noch ein wenig Glimmer darüber.

Mohnkapseln
Papaver rhoeas
rot gesprüht

Kamille
Anthemis nobilis
rosa gesprüht

Meerlavendel
Limonium dumosum
gelb und rosa gesprüht

Islandmoos
Cladonia sp.
rosa gefärbt

Birkenruten
Betula sp.
rot bemalt

Tannenzapfen
Abies sp.
Silber mit Glimmer

Lagerung

Wenn Sie die Pflanzen aus Ihrem eigenen Garten trocknen oder pressen, werden Sie wahrscheinlich Zeiten des Überflusses erleben, in denen Sie das gerade getrocknete Material nicht vollständig zu Gestecken verarbeiten können.

Möglicherweise müssen Sie es mehrere Monate lang aufbewahren. In diesem Fall sollten Sie genau überlegen, wo und wie Sie die Pflanzen in der Zwischenzeit lagern.

Lagerung am Trocknungsort

Sie können alle Pflanzen, die in Büscheln von der Decke hängen, nach dem Trocknen einfach hängen lassen. Doch ist diese Art der Lagerung nur dann angebracht, wenn die Büschel nicht dem direkten Sonnenlicht ausgesetzt sind. Hängen sie an einem sehr hellen Platz, werden die Farben der Blumen bald verblassen. Material hingegen, das Sie in einem Schrank trocknen, zum Beispiel großköpfige Blüten auf Kükendraht oder Moos und Tannenzapfen in einer offenen Kiste, können Sie dort so lange liegenlassen, bis Sie es brauchen.

Lagerung in Kartons

Häufig lagert man seine Pflanzen in fest verschlossenen Pappkartons, die an einen kühlen, trockenen Ort mit möglichst guter Belüftung gestellt werden. Bevor Sie die getrockneten Pflanzen verpacken, sollten Sie sichergehen, daß sie vollständig trocken sind. Wenn auch nur noch ein bißchen Feuchtigkeit in einer Blume bleibt, wird sie schon sehr bald zu faulen beginnen und auch die anderen Blumen in diesem Karton zerstören.

Zur Lagerung Ihres getrockneten Materials eignen sich am besten die Pappkartons, die von Blumenhändlern als Transportverpackung für frische Blumen verwendet werden. Die Größe des Kartons richtet sich nach der Größe der Pflanzen, die Sie verpacken wollen. Wenn Sie kleine Blumensträuße lagern wollen, die nicht länger als 30 cm sind, eignen sich am besten die Pappkartons, in denen Anemonen verpackt werden; sie sind etwa 60 cm lang, 37 cm breit und 15 cm hoch. Für längere Pflanzen wie Rittersporn, Ampfer oder Bambus benötigen Sie natürlich wesentlich längere Kartons. Normalerweise sind die Blumengeschäfte mehr als dankbar, wenn sie bei Ihnen ihre alten Kartons loswerden.

Einen Karton präparieren

Luftgetrocknete Pflanzen sollten so verpackt werden, daß kein nennenswerter Druck auf die Blüten, Blätter und Samenkapseln ausgeübt wird. Große, zarte Blüten wie die von Rittersporn, Päonie und Protea sowie mit Trockenmittel behandelte Pflanzen wickelt man vor dem Verpacken einzeln in Seidenpapier ein. Dadurch bleibt jede Pflanze vor ihrem Nachbarn geschützt. Sie können Pflanzen mit zarten Blüten zu Bündeln zusammenbinden, aber wickeln Sie die zerbrechlichen Büschel zuerst in Seidenpapier ein. Verpacken Sie mit Hilfe von Seidenpapier oder weichem Zeitungspapier die einzelnen Bündel so, daß die Stengel einer Lage die Pflanzen der nächsten Lage nicht berühren.

Verpacken Sie auf die gleiche Weise auch solche Pflanzen, die mit Glyzerin haltbar gemacht wurden. Aber lagern Sie unter keinen Umständen luftgetrocknete und glyzerinbehandelte Pflanzen im gleichen Karton, da die glyzerinkonservierten Pflanzen immer noch Feuchtigkeit enthalten und deswegen die anderen getrockneten Blumen und Blätter sofort zerstören würden.

Auf die gleiche Weise können Sie auch gepreßte Pflanzen lagern. Legen Sie sie in eine Schachtel zwischen Lagen aus Löschpapier, Zeitungspapier oder Seidenpapier. Sehr kräftiges Material wie Tannenzapfen, Artischocken und Maiskolben benötigt keinen speziellen Schutz und wird am besten in einem Korb oder einer Schachtel an einem kühlen, trockenen Platz aufbewahrt.

Blumensträuße mit zarten Blütenblättern sollte man vor dem Verpacken in Seidenpapier wickeln.

Sträuße verpacken
Legen Sie Seidenpapier zwischen die Stengel der einen und die Blüten der nächsten Schicht.

Große Blüten verpacken
Umhüllen Sie große Blüten wie die von Protea, Päonie oder Hortensie mit einer Papierkrause aus doppelt gelegtem und gefälteltem Seidenpapier, die Sie am Stiel festbinden.

ARRANGEMENTS
AUS
IHREM GARTEN

Hier bilden Leptospermum-Blüten, Hafer und Mohnkapseln
mit *Silene pendula* reizvolle Kontraste.

Es gibt nur wenige Aufgaben, die kreativer und dankbarer sind als die Planung eines Gartens. Ein Glückspilz, wer ein jungfräuliches Stück Boden besitzt und somit Gelegenheit hat, einen Garten anzulegen, der in jeder Hinsicht seinen Bedürfnissen gerecht wird. Er kann die Pflanzen für Beete und Rabatten so auswählen, daß sie nicht nur das ganze Jahr hindurch einen hübschen Anblick bieten, sondern auch im Überfluß Blüten und Laub für frische und getrocknete Blumenarrangements liefern.

Wer dies erreichen will, muß den Garten klug aufteilen, und dies betrifft nicht allein die Anlage der Beete, Rasen und befestigten Flächen, sondern auch die Pflanzen selbst. Bei der Planung eines Gartens ist die Form von größter Bedeutung. Wenn sie stimmt, können Sie mitten im Winter aus dem Fenster Ihrer Küche oder Ihres Wohnzimmers schauen und haben immer noch einen reizvollen Ausblick. Gewiß, die Farben im Garten sind jetzt gedämpfter, und vielleicht sieht man sogar nur die Konturen von Zweigen und Stämmen, die sich vor den üppigeren immergrünen Pflanzen abheben.

Bei einer umsichtigen Pflanzenwahl können Sie einen Garten schaffen, der auch noch schön ist, nachdem die Blumen zum Trocknen geschnitten wurden. Das Geheimnis liegt darin, eine große Vielfalt an Gewächsen in den Pflanzplan einzubeziehen, die getrocknet oder auf andere Weise haltbar gemacht werden können, und stets nur einen Teil der Blumen zu pflücken, so daß die Rabatten nicht völlig geplündert werden. Die Palette der Pflanzen, die sowohl den Ziergarten verschönern als auch geerntet werden können, ist enorm. Da gibt es z.B. Kletterpflanzen wie Rosen und Clematis. Für die Rabatte bietet sich eine Vielzahl an Blättern und Blüten an, die sich konservieren lassen: Rosen (natürlich!), Lavendel, die meisten silbrig belaubten Gewächse, die Kapseln von Mohn und Jungfer im Grünen, welche den Garten im Frühjahr als erste mit ihren Blüten verschönern, die großen Rittersporhybriden sowie die kleinen Butterblumen, Päonien und der Wiesenkerbel – die Liste ließe sich fast endlos erweitern.

Beete in Rot, Orange und Gelb

Diese warmen, sonnigen Farben harmonieren wunderbar miteinander und sind sowohl bei den Blüten als auch beim Laub üppig vertreten. Die Mehrzahl der Blütenpflanzen in diesem Farbbereich steht gern in der Sonne, einige gedeihen jedoch im Halbschatten am besten. Sie können ein einzelnes Beet oder aber den ganzen Garten in diesen Farben anlegen, die den gesamten Sommer und Herbst hindurch reizvoll aussehen und reichliche Mangen an Trockenmaterial liefern. Bei einer wohlüberlegten Verteilung von Pflanzen mit kräftigen Strukturen und immergrünen Gewächsen wirkt der Garten selbst im tiefsten Winter interessant.

Rote, orangefarbene und gelbe Rosen

In diesem Farbbereich finden sich viele beliebte Rosen. Sowohl die roten als auch die gelben Sorten verströmen einen herrlichen Duft, der noch viele Monate erhalten bleibt, nachdem sie gepflückt wurden. Zum Trocknen an der Luft eignen sich hybride Teerosen am besten.

Bei den roten Sorten empfehlen sich 'Highlight', 'Ena Harkness', 'Ernest H. Morse', 'Megiddo' und 'Fragrant Cloud'. Sie duften alle und haben eine schöne, feste Form. Von den gelben Rosen eignen sich die buschhohen Sorten 'King's Ransom', 'Chinatown', 'Kim' und 'Courvoisier' gut für die Rabatte. Im Gold-Orange-Bereich sind 'Redgold', 'Irene Churruca', 'Sutter's Gold', 'Beauté', 'Golden Treasure' und 'Whisky Mac' hübsch anzusehen.

Sträucher und Bäume mit goldenem Laub

In einem gemischten Beet aus Stauden und Sträuchern sollten auch einige immergrüne Pflanzen mit goldenen Blättern nicht fehlen. *Elaeagnus pungens maculata* hat auffällig getupfte grün-goldene Blätter, die sich mit Glyzerin konservieren lassen, wenngleich ihre verblüffende Färbung dabei verlorengeht. Auch *Euonymus japonicus aureopictus* und *Griselinia littoralis* machen den Garten das ganze Jahr hindurch heiter.

Viele Bäume tragen schöne herbstliche Laubkleider. Zu den herrlichsten gehören die Ahornarten. *Acer japonicum aureum* hat den ganzen Sommer hindurch goldene Blätter, die sich im Herbst leuchtendrot färben. Ahornzweige werden geschnitten, wenn die Farben am schönsten sind, und unter einem Teppich gepreßt.

Blumen, Früchte und Blätter

Gut trocknet Bambus. Zwar haben die Blätter von *Arundinaria murielae* und *A. nitida* im frischen Zustand eine reingrüne Farbe, beim Trocknen werden sie jedoch sehr schön graugrün. Das Laub des Zylinderputzers bekommt an der Luft getrocknet ein schönes, frisches Gelbgrün. Auch seine Blüten lassen sich gut an der Luft trocknen, und neben *Helichrysum bracteatum* liefern sie in der gesamten Palette der Trockenblumen das leuchtendste Rot. *Helichrysum angustifolium* und *H. splendidum* haben silbriges Laub und leuchtendgelbe Blütenköpfe. Man kann sie ebensogut in kleinen Arrangements verwenden wie büschelweise in größeren Sträußen. *Phlomis fruticosa* hat ebenfalls silbrige Blätter und gelbe Blütenquirle. Man trocknet hier entweder die Blüten und Blätter an der Luft oder aber später im Jahr die Samenköpfe.

Sämtliche Garben eignen sich gut als Trockenpflanzen. Die meisten haben flache Köpfe aus gelben Blüten, bei *Achillea millefolium* 'Cerise Queen' sind sie jedoch rosa. Gelbblühende Dahlien sehen getrocknet besonders frisch aus: die Pompon-Sorten lassen sich entweder kopfüber aufgehängt an der Luft oder aber in Trockenmittel trocknen. *Limonium sinuatum* entwickelt leuchtend reingelbe und gelegentlich rotgelbe Blüten und ist von allen Blumen am leichtesten zu trocknen. Bei *Calendula officinalis* ist das Trocknen schon schwieriger. Wenn man sie nicht im Knospenstadium pflückt, wenn sich die Farbe gerade zu zeigen beginnt, zerfallen sie. Dennoch lohnt sich die Trocknung. Die *Calendula* entwickeln den ganzen Sommer und Herbst hindurch ein wahres Meer von Blüten.

Die Goldrute blüht im Herbst, und einige der neueren Formen sind wirklich ungewöhnlich schön. Eine andere, sehr hübsche Pflanze, die sich im Garten allerdings ausgesprochen rasch ausbreitet, ist *Alchemilla mollis*, der Frauenmantel, der seine duftigen goldenen Blüten im Frühsommer ausbildet.

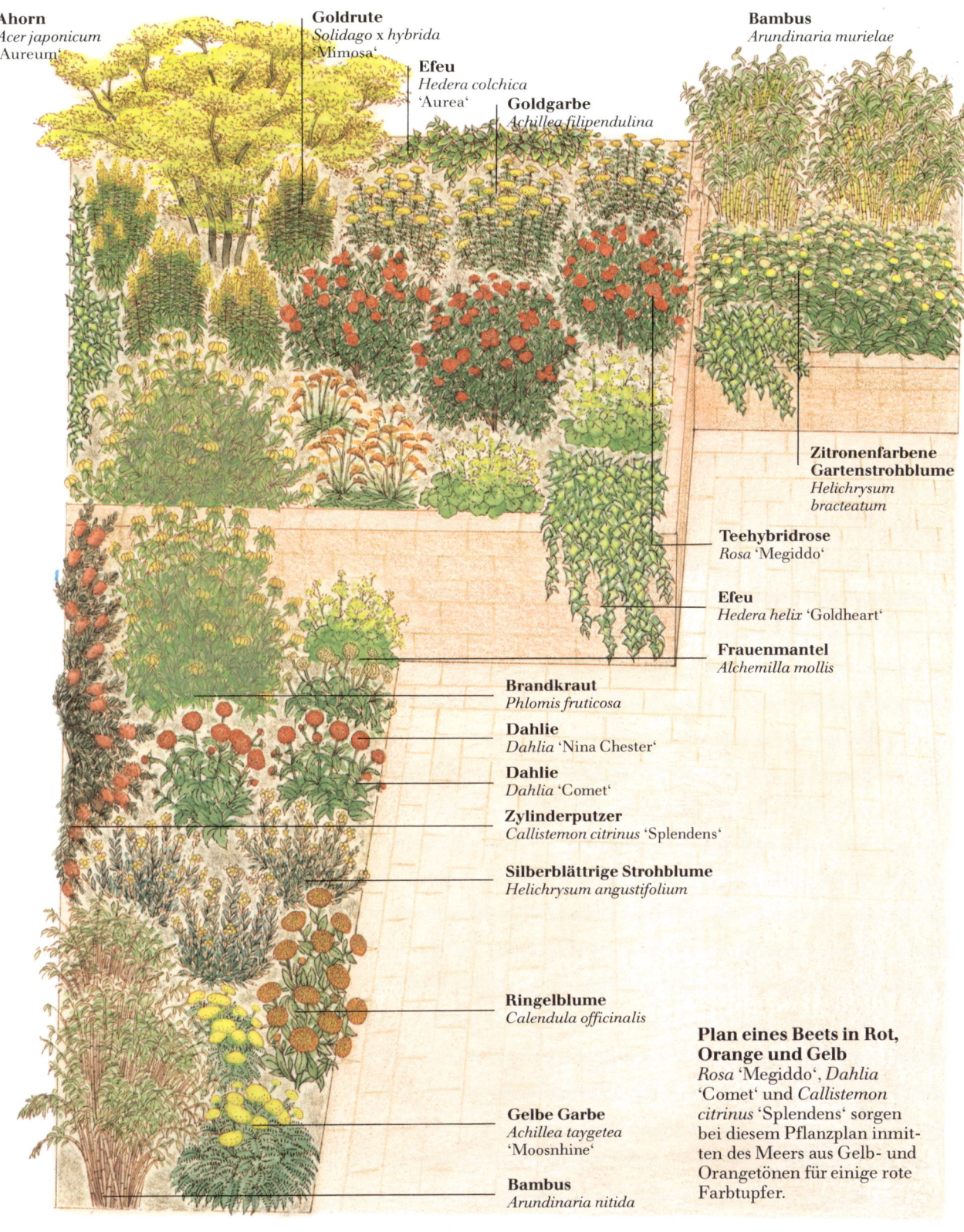

Ahorn
Acer japonicum
'Aureum'

Goldrute
Solidago x *hybrida*
'Mimosa'

Efeu
Hedera colchica
'Aurea'

Goldgarbe
Achillea filipendulina

Bambus
Arundinaria murielae

**Zitronenfarbene
Gartenstrohblume**
*Helichrysum
bracteatum*

Teehybridrose
Rosa 'Megiddo'

Efeu
Hedera helix 'Goldheart'

Frauenmantel
Alchemilla mollis

Brandkraut
Phlomis fruticosa

Dahlie
Dahlia 'Nina Chester'

Dahlie
Dahlia 'Comet'

Zylinderputzer
Callistemon citrinus 'Splendens'

Silberblättrige Strohblume
Helichrysum angustifolium

Ringelblume
Calendula officinalis

**Plan eines Beets in Rot,
Orange und Gelb**
Rosa 'Megiddo', *Dahlia*
'Comet' und *Callistemon
citrinus* 'Splendens' sorgen
bei diesem Pflanzplan inmit-
ten des Meers aus Gelb- und
Orangetönen für einige rote
Farbtupfer.

Gelbe Garbe
Achillea taygetea
'Moosnhine'

Bambus
Arundinaria nitida

Rote, orange und gelbe Trockenblumen

All diese Blumen lassen sich problemlos ziehen und trocknen. Um perfekte Dahlienblüten zu erhalten, benutzt man am besten ein Trockenmittel. Die anderen Blumen können in Sträußen kopfüber aufgehängt an der Luft getrocknet werden. Die Goldrute wurde gepflückt, als sich gerade die Knospen zu färben begannen. Sie kann als grünes Füllmaterial verwendet werden.

Zylinderputzer
Callistemon subulatus

Rotgelber Meerlavendel
Limonium sinuatum

Pompondahlie
Dahlia cv.

Strohblume
Helichrysum angustifolium

Gartenstrohblume
Helichrysum bracteatum

Pompondahlie
Dahlia cv.

Rote Rose
Rosa 'Nordia'

Goldrute
Solidago canadensis

Pompondahlie
Dahlia cv.

Arrangement in roten, orangen und gelben Tönen
Dieses warmfarbige Gesteck, das in einem an der Wand hängenden Korb arrangiert wurde, besteht aus orangefarbenem Helichrysum und Callistemon, aus gelbrotem Limonium und *Rosa* 'Megiddo', aus roten Dahlien sowie goldenem *Helichrysum angustifolium.* Dazwischen stecken Zweige der Goldrute.

Beete in Rosa, Blau und Silber

Es gibt eine enorme Zahl von Pflanzen in blauen, violetten, silbernen oder rosa Tönen, die leicht trocknen und ihre Farbe gut bewahren. Deshalb sollte es kein Problem sein, ein Beet anzulegen, in dem sich über einen langen Zeitraum hinweg eine herrliche Vielfalt an Blütenfarben und Blattformen entwickelt, und das darüber hinaus reichlich Material zum Trocknen liefert. Wenn man die Blumen in Gruppen pflanzt und zum Trocknen immer nur einen Teil der verschiedenen Arten pflückt, wird der Garten nie kahl wirken.

Pflanzen kombinieren

Bei der Planung eines Gartens oder einer Rabatte muß berücksichtigt werden, in welcher Beziehung die Pflanzen zueinander stehen – wie sich die Stengel, Blätter und Blüten der einzelnen Pflanzen oder Pflanzengruppen zu Kissen, Mulden, Hügeln oder welligen Formen zusammenfügen. In diesem Farbbereich harmonieren rosa Rosen mit silberblättrigen Pflanzen wie Lavendel, Rosmarin, *Senecio greyi*, Heiligenkraut und Ziest besonders gut.

Obwohl Rosen von der Form her nicht die schönsten Sträucher sind, dürfen sie in keinem Garten fehlen. Wählen Sie duftende Rosensorten, denn was ist eine Rose, die nicht duftet. Zum Trocknen eigenen sich Teehybriden mit einer schönen, kompakten Form.

Leider lassen sich weder die wunderschönen alten, vollgeöffneten noch die einfach blühenden Rosensorten gut an der Luft trocknen, doch kann man sie mit Quarzsand, Borax oder Silika-Gel problemlos konservieren. Pflücken Sie an einem trockenen Tag und am besten vormittags, wenn die Luftfeuchtigkeit am niedrigsten ist, solche Rosenknospen, die sich gerade zu öffnen beginnen. Entfernen Sie die unteren Blätter und die Dornen, und hängen Sie die Blumen in kleinen Sträußen zum Trocknen an einem kühlen, dunklen Platz so auf, daß die Köpfe einander nicht berühren (siehe S. 94).

Planung einer Rabatte

Wenn die Rabatte an einem schönen hellen Platz liegt, sollte man vielleicht zwischen die Rosen Lavendel und die zarten blaugrauen Edeldisteln pflanzen. Dahinter setzt man Rittersporn und da-

neben einige gefüllte Päonien. Sie haben nicht nur wundervolle Blüten und einen angenehmen Duft, sondern auch wunderschönes Laub. Lavendel und Edeldisteln können an der Luft getrocknet werden, was auch bei Päonienblüten möglich ist, aber wie bei den alten Rosensorten erzielt man hier mit Trockenmittel die besseren Ergebnisse. Die Blätter lassen sich auch gut pressen.

Am vorderen Beetrand bildet *Stachys lanata*, der Wollziest, einen dekorativen Abschluß für die höheren Pflanzen. Seine silbernen wolligen Blüten trocknen leicht an der Luft und bereichern Gestecke mit ihren reizvollen Formen und Strukturen. Gruppen aus Einjahresblumen wie Rittersporn, Sonnenflügel, Jungfer im Grünen und Mohn sorgen im Sommer für viel Farbe. Die Kapseln von Mohn und Nigella können getrocknet werden, sobald sie gut entwickelt sind. Auch einige Exemplare von *Senecio greyi* – eine in flachen Kissen wachsende Pflanze mit silbernen Blättern und nickenden, silbernen Knospen – sind empfehlenswert. Zum Trocknen sollten die Knospen gepflückt werden, bevor sie sich zu öffnen beginnen.

Weitere Pflanzenvorschläge

Hortensien gedeihen in einer schattigen Rabatte besonders gut. Die Farbe ihrer Blüten ist vom Bodentyp abhängig, und obgleich sie saure Bedingungen bevorzugen, wachsen sie in beinahe jeder Erde. Am besten setzt man sie in den lichten Schatten eines Baumes – für eine Rabatte in dieser Farbpalette eignet sich hier besonders ein Eukalyptus. Kaufen Sie in jedem Fall ein kleines Exemplar, denn es entwickelt bald nach dem Pflanzen ein kräftiges Wurzelsystem und kann deshalb nicht vom Wind umgerissen werden, wenn der Baum erst einmal herangewachsen ist.

Wer eine Grenzmauer oder einen Zaun in seinem Garten hat, kann daran Kletterpflanzen und Mauersträucher ziehen. Zur Konservierung eignen sich Rosen, Clematis, *Hydrangea petiolaris* und Efeu. Sehr gut in dieser Farbskala passen die Kletterrosen 'Handel' und 'New Dawn' sowie der Mauerstrauch *Ceanothus* 'A. T. Johnson' mit seinen wundervollen blauen Blüten, die allerdings schwer zu trocknen sind, wenngleich sich ein Versuch mit Trockenmittel lohnt.

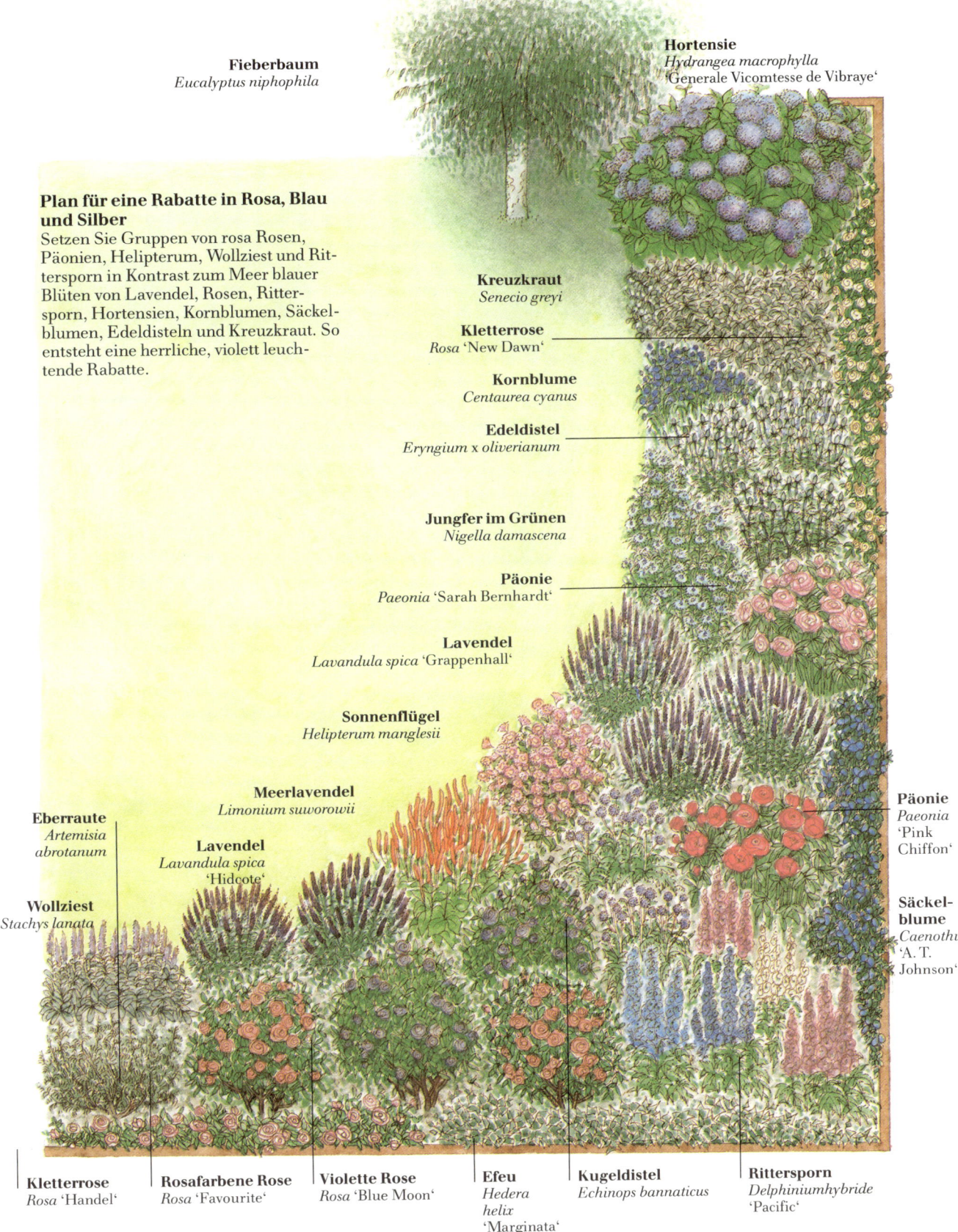

Fieberbaum
Eucalyptus niphophila

Hortensie
Hydrangea macrophylla
'Generale Vicomtesse de Vibraye'

Plan für eine Rabatte in Rosa, Blau und Silber

Setzen Sie Gruppen von rosa Rosen, Päonien, Helipterum, Wollziest und Rittersporn in Kontrast zum Meer blauer Blüten von Lavendel, Rosen, Rittersporn, Hortensien, Kornblumen, Säckelblumen, Edeldisteln und Kreuzkraut. So entsteht eine herrliche, violett leuchtende Rabatte.

Kreuzkraut
Senecio greyi

Kletterrose
Rosa 'New Dawn'

Kornblume
Centaurea cyanus

Edeldistel
Eryngium x *oliverianum*

Jungfer im Grünen
Nigella damascena

Päonie
Paeonia 'Sarah Bernhardt'

Lavendel
Lavandula spica 'Grappenhall'

Sonnenflügel
Helipterum manglesii

Meerlavendel
Limonium suworowii

Eberraute
Artemisia abrotanum

Lavendel
Lavandula spica 'Hidcote'

Wollziest
Stachys lanata

Päonie
Paeonia 'Pink Chiffon'

Säckelblume
Caenothus 'A. T. Johnson'

Kletterrose
Rosa 'Handel'

Rosafarbene Rose
Rosa 'Favourite'

Violette Rose
Rosa 'Blue Moon'

Efeu
Hedera helix 'Marginata'

Kugeldistel
Echinops bannaticus

Rittersporn
Delphiniumhybride 'Pacific'

Rosafarbene, blaue und silberne Trockenblumen

Alle auf dieser Doppelseite gezeigten Trockenblumen würden in einer Rabatte, die in blauen, rosafarbenen und silbernen Tönen gehalten ist, gut zur Geltung kommen. Abgesehen von der Hortensie möchten die Pflanzen sonnig stehen und bevorzugen einen durchlässigen Boden. Hortensien gedeihen an einem kühlen, halbschattigen Platz mit feuchtem Boden besser.

Kreuzkraut
Senecio greyi

Kochie
Kochia sp.

Kugeldistel
Echinops ritro

Päonie
Paeonia lactiflora

Hortensie
Hydrangea macrophylla 'Altona'

Lavendel
Lavandula spica

Ackerrittersporn
Delphinium consolida

Wollziest
Stachys lanata

**Australische
Silbereiche**
Grevillea sp.

Päonie
Paeonia lactiflora

Rose
Rosa 'Blue Moon'

Hortensie
Hydrangea macrophylla

Arrangement in rosafarbenen, blauen und silbernen Tönen
Diese wunderschön rosa und violett schillernde Jugendstilvase liefert das perfekte Behältnis für die Blüten und Blätter dieses Farbbereiches. Die Rose 'Blue Moon', Päonien und Hortensien bilden hier einen reizvollen Kontrast zu silbernem Laub, Lavendelblüten und zartem Rittersporn.

Der Erntegarten

Der glückliche Besitzer eines großen Gartens möchte vielleicht einen Bereich speziell der Kultur von Trockenpflanzen vorbehalten. Da dieser Teil des Gartens hauptsächlich dem Zweck dient, eine reiche Ernte an Blumen zu liefern, die getrocknet werden, sollte man ihn am besten ein wenig abseits vom Ziergarten anlegen und die Trockenblumen wie in einem Gemüsegarten in Reihen pflanzen, damit die Ernte erleichtert wird. Hier können auch einige Pflanzen wachsen, die in Zierbeeten nicht so schön aussehen oder nicht mehr dekorativ wirken, nachdem die Blüten gepflückt wurden.

Die Mehrheit der Trockenpflanzen braucht einen sonnigen, hellen Standort, um gut zu gedeihen. Auch der Bodentyp ist wichtig. Ein sehr saurer Boden begrenzt die Zahl der Blumenarten, die man hier ziehen kann. Liegt der pH-Wert Ihres Bodens aber zwischen leicht sauer und mäßig alkalisch, so können Sie auf ihm eine enorme Auswahl an Laub, Blüten und Fruchtständen ziehen, die sich für Trockenarrangements eignen.

Hybride Teerosen

Die Blüten der Rosen sind sowohl frisch als auch getrocknet ungemein dekorativ, auch wenn die Sträucher selbst oft keine besonders schöne Form haben. Deshalb sollte im Erntegarten ein Platz für Rosen reserviert werden. Ziehen Sie Sorten, die sich leicht trocknen lassen und deren Blüten sich gut für Ihre Arrangements eignen. Es steht Ihnen hier eine große Palette an Rosen zur Auswahl. Die kompakten Blüten der Teehybriden trocknen am besten und sind deshalb für den Erntegarten besonders empfehlenswert. Schlecht eignen sich dagegen einfach blühende oder altmodische Sorten, die sehr weiche Blütenblätter haben und lediglich mit Trockenmittel konserviert werden können. Unter den rotblühenden Teehybriden sind 'Red Devil', 'Megiddo' und 'Nordia' ausgezeichnet, bei den Rosa- und Pfirsichtönen 'Blessings', 'Wendy Cussons', 'Silva' und 'Chanelle'. Schöne gelbe Sorten sind 'Golden Times', 'Golden Melody' und 'Courvoisier'.

Andere Pflanzen zum Trocknen

In keinem Erntegarten dürfen Garben fehlen. So sollten Sie versuchen, die bekannten großblütigen Sorten *Achillea filipendulina*, *A. millefolium* 'Cerise Queen' mit ihren rosa Blüten, *A. ptarmica* mit ihren knopfförmigen weißen Blüten und *A. taygetea* 'Mooshine' mit ihren blaßgelben Blütenköpfen einzubeziehen.

Strohblumen und Meerlavendel eignen sich für viele Trockenblumen-Arrangements, und man kann sie in einer großen Farbpalette ziehen. *Helichrysum bracteatum*, die herrliche Gartenstrohblume, ist in Rosa, Gelb, Orange, Rot, Creme und Weiß erhältlich. Die Korbblüten des Sonnenflügels (Helipterum) lassen sich sehr einfach trocknen und sind rosa, weiß oder gelb. *Gomphrena globosa* und *Alchemilla mollis* trocknen ebenfalls sehr gut an der Luft. Die Alchemilla entwickelt im Frühsommer ein Meer von zarten goldenen Blüten.

Die *Celosia argentea cristata* blüht karminrot oder orange. Die Blüten erinnern an Hahnenkämme und können ganz für große Arrangements oder geteilt für kleinere Sträuße verwendet werden. Von *Nigella damascena* kann man sowohl die Blüten als auch die Fruchtkapseln trocknen. Die Pflanze hat im Sommer wunderhübsche blaßblaue Blüten, denen später die großen grün und rostfarben gestreiften Fruchtkapseln folgen. Die Staude *Gypsophila paniculata* braucht zum Trocknen nur in eine Vase mit etwas Wasser gestellt zu werden, das dann nach und nach verdunstet. Sie entwickelt sich zu einem großen runden Busch, der im Sommer vollkommen unter seinen Blüten verschwindet. Die Sorte 'Bristol Fairy' hat winzige weiße Blüten, 'Rosy Veil' gefüllte rosa Blüten.

Zu den weiteren Pflanzen, die für den Erntegarten in Frage kommen, gehören Skabiose, Edeldistel, Kugeldistel, Fuchsschwanz, Papierknöpfchen, Silberblatt und Lampionblume, die sich alle ausgezeichnet trocknen lassen. Viele dieser Einjahresblumen bilden Samen aus, die Sie sammeln können, um daraus die Pflanzen des folgenden Jahres zu ziehen.

Plan für einen Erntegarten
Obgleich in diesem Garten nur zwölf Pflanzensorten gezogen werden, wirkt er sehr reizvoll und liefert eine reiche Ernte an Trockenmaterial.

Schleierkraut
Gypsophila paniculata 'Bristol Fairy'

Meerlavendel
Limonium sinuatum 'New Art Shades'

Papierknöpfchen
Ammobium alatum

Fuchsschwanz
Amaranthus caudatus

Jungfer im Grünen
Nigella damascena

Sonnenflügel
Helipterum manglesii

Goldrute
Solidago canadensis 'Peter Pan'

Strohblume
Helichrysum angustifolium

Frauenmantel
Alchemilla mollis

Gartenstrohblume
Helichrysum bracteatum

Hahnenkamm
Celosia argentea cristata

Pfirsichfarbene, rosa, gelbe und violette Rosen
Rosa cv.

Trockenblumen aus dem Erntegarten

Wenn Sie einen Bereich Ihres Gartens allein der Kultur von Trockenblumen vorbehalten, steht Ihnen eine enorme Auswahl an Pflanzen zur Verfügung. Das hier gezeigte Material wurde in unterschiedlichen Kombinationen für die auf Seite 128 gezeigten drei Arrangements verwendet.

Frauenmantel
Alchemilla mollis

Pfirsichfarbene Rose
Rosa 'Silva'

Gartenstrohblume
Helichrysum bracteatum

Hahnenkamm
Celosia argentea cristata

Zierlauch
Allium afflatuense

Schleierkraut
Gysophila paniculata

Jungfer im Grünen
Nigella damascena

Kornblume
Centaurea cyanus

Papierknöpfchen
Ammobium alatum

Fuchsschwanz
Amaranthus caudatus viridis

Gartenstrohblume
Helichrysum bracteatum

Zittergras
Briza maxima

Strohblume
Helichrysum angustifolium

Strohblume
Helichrysum stoechas

Zartes, duftiges Arrangement

Das feine rosablaue Muster dieses hohen, schmalen Kruges wird durch Schleierkraut, Jungfer im Grünen und Kornblumen wunderhübsch ergänzt. Diese zerbrechlich wirkenden Blumen mit ihren dünnen Stengeln bieten sich von selbst für zarte, duftige Arrangements an.

Sommerlicher Strauß

Frauenmantel, roter Hahnenkamm, pfirsichfarbene Rosen und tiefrosa Strohblumen füllen diesen sanft gerundeten Krug (rechts).

Heiteres Arrangement

Das stilisierte Muster und der rotgoldene Schimmer dieses weiten Kruges (unten) wiederholen sich in Form und Farben der Blüten.

Sonnige und schattige Beete

Die meisten ein- und zweijährigen Pflanzen lieben den Sonnenschein, und sie sehen sehr hübsch aus, wenn man sie in kleinen Gruppen zwischen verschiedene Sträucher und Stauden setzt.

Für ein sonniges Beet muß zunächst ein kräftiges Grundgerüst aus Sträuchern von angemessener Größe gepflanzt werden, zu denen auch einige immergrüne Arten gehören sollten, damit das Beet nicht nur während der Blütezeit, sondern das ganze Jahr hindurch reizvoll aussieht.

Pflanzen, die im Schatten am besten gedeihen, sind zumeist grüne Blattpflanzen, und dies ist gut so, denn leuchtend gefärbte Gewächse, die vor allem in der Sonne gut gedeihen, würden an einem kühleren, schattigen Platz deplaziert wirken. Kleine leuchtende Farbtupfer jedoch, wie etwa die roten und rosa Blüten des Fleißigen Lieschens, einer schattenliebenden Pflanze, können das dichte grüne Laub durchaus beleben.

Die sonnige Rabatte

Die meisten Pflanzen mit silbrigem Laub, wie Perlpfötchen, Beifuß, Heiligenkraut, Lavendel, Rosmarin, Kreuzkraut, Fetthenne und Salbei, sind Sonnenanbeter. Auch Rosen mögen die Sonne, und wenn man sie während der Sommermonate ausreichend düngt und wässert, entwickeln die mehrfach blühenden Sorten von der Sommermitte an bis in den Spätherbst hinein ihre Blüten, und selbst zu Winterbeginn kann sich noch die eine oder andere vorwitzige Knospe zeigen.

Der Pflanzplan für die sonnige Rabatte (siehe S. 131) umfaßt eine Farbskala von Rosa über Silber und Creme bis Zitronengelb. Alle Pflanzen können haltbar gemacht werden. Beide Rosensorten, die dort wachsen, blühen mehrfach. Stets werden die Knospen gepflückt, wenn sie sich gerade zu öffnen beginnen. Erika braucht Sonne und mag einen durchlässigen, aber feuchten Boden, der eher sauer sein sollte, wenngleich Erika auch auf neutralen Böden recht gut gedeiht, sofern genug Torf eingearbeitet wird. Unter günstigen Bedingungen wird die Baumheide *(Erica arborea)* über 3 m hoch. Man pflückt sie im Knospenstadium und besprüht Laub und Blüten vor dem Trocknen mit Haarspray.

Sedum-Arten trocknen nur langsam, denn sie haben sehr fleischige Stengel. Tatsächlich entwickeln sie oft noch mehrere Wochen, nachdem sie zum Trocknen aufgehängt wurden, grüne Triebe. Schleierkraut läßt sich leicht trocknen. Die Stengel werden einfach geschnitten und mit wenig Wasser und ein oder zwei Tropfen Bleiche in eine Vase gestellt. Während die Flüssigkeit verdunstet, trocknet das Schleierkraut vollständig. *Moluccella laevis*, die Muschelblume, läßt sich gut mit Glyzerin konservieren (siehe S. 102). Denken Sie daran, Blumen, die an der Luft getrocknet werden sollen, vier Tage bevor sie voll erblüht sind, zu pflücken. Darüber hinaus sollte man sie bei trockenem Wetter ernten zu einer Tageszeit, wenn der Tau vollkommen verdunstet ist.

Die schattige Rabatte

Im Schatten von Bäumen oder auch vor eine Mauer kommen Farne, Nieswurze und Funkien wunderbar zur Geltung. Farnwedel sind unglaublich schön, und es gibt viele Sorten, die bisher sehr stiefmütterlich behandelt wurden. Manche sind immergrün wie Cyrtomium, Polystichum und Phyllitis. Alle lassen sich leicht pressen, und da sie ohnehin eine recht flache Form haben, sehen Sie in Arrangements (siehe S. 7) sehr natürlich aus. Sowohl die Blätter als auch die Blüten der Nieswurz können gepreßt werden, und die Blüten lassen sich natürlich auch mit Trockenmittel haltbar machen. Die ungewöhnlich dekorativen Blätter der Funkien kann man ebenfalls pressen, die samentragenden Blütenstengel werden getrocknet.

Viele immergrüne Sträucher und Bäume wachsen gern im Schatten oder Halbschatten, z. B. Aukube, Buchsbaum, Kamelie, Ölweide, Pfaffenhütchen, Fatsia, Griselinia, Stechpalme, Hortensie, Mahonie, Liguster und Rhododendron, die alle auch schöne Blüten entwickeln. All diese Blumen können mit Trockenmittel behandelt werden, doch nur Hortensien lassen sich auch an der Luft gut trocknen. Efeu und immergrünes Geißblatt sind großartige Kletterpflanzen für Mauern und Zäune, daneben gibt es aber noch viele andere Pflanzen, die zusammen im Garten das ganze Jahr hindurch schön aussehen und Ihnen reichlich Material zum Trocknen und Konservieren liefern.

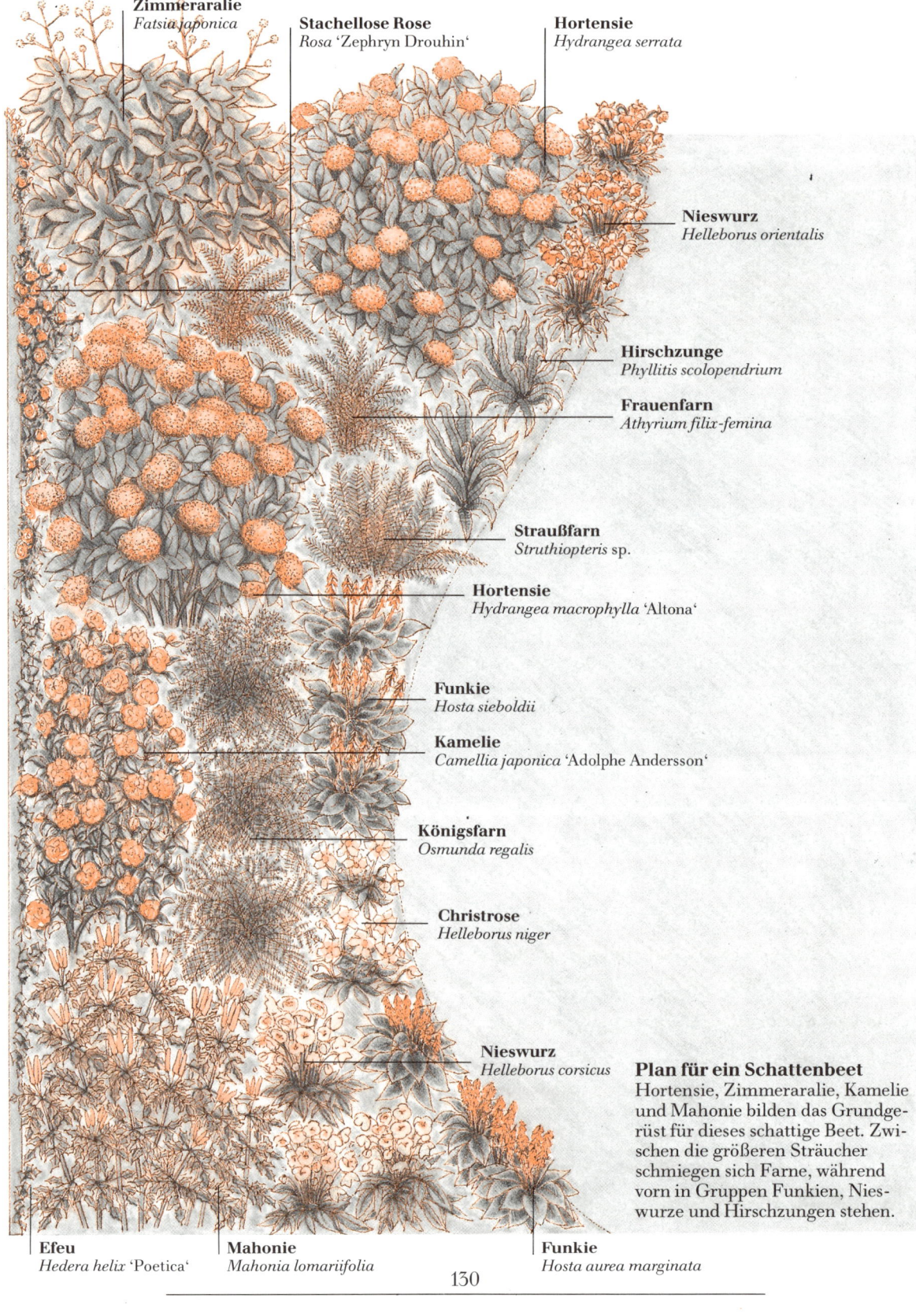

Zimmeraralie
Fatsia japonica

Stachellose Rose
Rosa 'Zephryn Drouhin'

Hortensie
Hydrangea serrata

Nieswurz
Helleborus orientalis

Hirschzunge
Phyllitis scolopendrium

Frauenfarn
Athyrium filix-femina

Straußfarn
Struthiopteris sp.

Hortensie
Hydrangea macrophylla 'Altona'

Funkie
Hosta sieboldii

Kamelie
Camellia japonica 'Adolphe Andersson'

Königsfarn
Osmunda regalis

Christrose
Helleborus niger

Nieswurz
Helleborus corsicus

Plan für ein Schattenbeet
Hortensie, Zimmeraralie, Kamelie
und Mahonie bilden das Grundgerüst für dieses schattige Beet. Zwischen die größeren Sträucher
schmiegen sich Farne, während
vorn in Gruppen Funkien, Nieswurze und Hirschzungen stehen.

Efeu
Hedera helix 'Poetica'

Mahonie
Mahonia lomariifolia

Funkie
Hosta aurea marginata

130

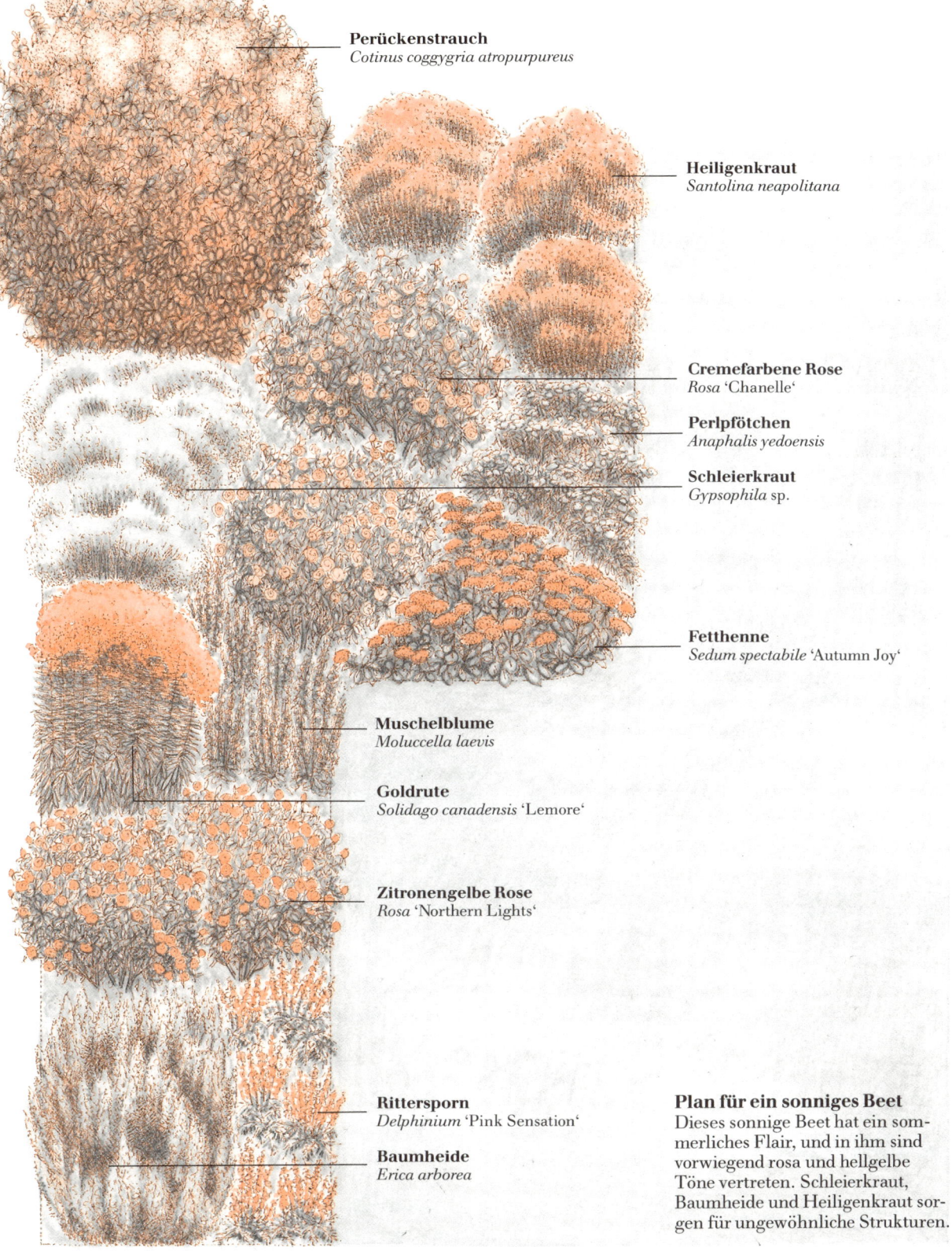

Perückenstrauch
Cotinus coggygria atropurpureus

Heiligenkraut
Santolina neapolitana

Cremefarbene Rose
Rosa 'Chanelle'

Perlpfötchen
Anaphalis yedoensis

Schleierkraut
Gypsophila sp.

Fetthenne
Sedum spectabile 'Autumn Joy'

Muschelblume
Moluccella laevis

Goldrute
Solidago canadensis 'Lemore'

Zitronengelbe Rose
Rosa 'Northern Lights'

Rittersporn
Delphinium 'Pink Sensation'

Baumheide
Erica arborea

Plan für ein sonniges Beet
Dieses sonnige Beet hat ein sommerliches Flair, und in ihm sind vorwiegend rosa und hellgelbe Töne vertreten. Schleierkraut, Baumheide und Heiligenkraut sorgen für ungewöhnliche Strukturen.

Das Wildblumenbeet

Wildblumenbeete und Wildblumengärten erfordern viel Arbeit, damit sie tatsächlich wild wirken und sich alle Pflanzengruppen von den wuchsfreudigeren Mitgliedern der Gemeinschaft ungehindert ausbreiten können. Aber ein Versuch lohnt sich wirklich. Viele Zierpflanzen wurden aus wilden Pflanzen gezüchtet, und einige von ihnen haben das natürliche Aussehen der Blumen auf dem Lande noch bewahrt.

Sonnige und schattige Standorte
Schattige Beete haben von sich aus oft einen natürlichen Charakter. Man kann vorn in eine Schattenrabatte Veilchen, Primeln und Nieswurze setzen und dahinter Farne, Fingerhut und Johanniskraut. Alle diese Gewächse besitzen den Charme von Waldpflanzen.

Für sonnigere Lagen steht eine Fülle von Wildpflanzen und eng verwandten Zierpflanzen zur Auswahl, und die folgenden Gewächse würden sowohl in einen Naturgarten wie in einen Ziergarten passen: Gräser, Euphorbien, Lilien, Ehrenpreis, Vergißmeinnicht, Königskerzen, Widerstoß, Glockenblumen, Skabiosen, Schneeball, Rosen, Disteln, Storchschnabel, Ginster, Malven, Nelken, Mohn und Anemonen. Viele von ihnen lassen sich auf die eine oder andere Art haltbar machen.

Eine natürliche Pflanzung
Der Pflanzplan rechts wurde für eine Gartenfläche konzipiert, die an einem langsam fließenden Bach liegt. Sie ist Teil eines großen Gartens und muß wie ein Wildblumenbeet gepflegt werden. Wenn man z. B. nicht jedes Jahr die Sämlinge des Herkuleskrautes entfernte, würde es bald alles überwuchern. Ein oder zwei Exemplare sollte man aber stehenlassen, damit sie ihre verblüffend stammartigen Triebe und die strahlenförmigen weißen Blütendolden entwickeln können, denen ebenso eindrucksvolle geometrische Fruchtstände folgen.

Am anderen Ende der Größenskala befinden sich Primeln, Veilchen und Narzissen, die alle gepreßt oder mit Trockenmitteln haltbar gemacht werden können. Darüber hinaus schmecken die kandierten Blüten von Primeln und Veilchen köstlich (siehe S. 104).

Caltha palustris, die Sumpfdotterblume, wird am besten in flachem Wasser oder direkt am Rand eines Gewässers gezogen. Ihre Blüten lassen sich aufgehängt an der Luft oder mit Trockenmittel trocknen. Rohrkolben wachsen am liebsten in etwa 1 m tiefem Wasser. Wer keine große Wasserfläche zur Verfügung hat, pflanzt besser die Zwergform *Thypha minima*.

Chinaschilf, Gänsefuß und Fenchel können einfach in einer Vase an der Luft trocknen. Getrocknete Fenchelstengel eignen sich gut zum Grillen von Fisch. Wenn man sie auf die glühenden Kohlen legt, verleiht ihr aromatischer Rauch dem Fisch einen köstlichen Geschmack. Der wilde Rittersporn wird am besten kopfüber aufgehängt getrocknet, Kornblumen und Skabiosen sollten dagegen rascher getrocknet werden, unter Umständen sogar in einem warmen Backofen, weil sie so ihre Farbe besser bewahren.

Eine wunderhübsche Pflanze ist der Nieswurz. Seine Blüten wirken wunderbar zart, und die Farbskala reicht vom Rosa und Lila der *Helleborus orientalis* bis zur ins Schwarze spielenden Züchtung 'Black strain', und vom reinen Weiß der *H. niger* bis zum satten Grün der *H. viridis* und *H. foetidus*. Die Blüten lassen sich mit Trockenmittel konservieren oder zwischen Löschpapierlagen unter einem Stapel Bücher pressen.

Im sonnigsten Teil dieses Naturgartens kann Mohn blühen, der später seine wunderschön geformten Fruchtkapseln ausbildet. An der schattigsten Stelle unter dem Baum werden die nickenden Blüten des Beinwells bald ihre Samen rund um den Stamm verstreuen.

Berücksichtigung des Gesamteindrucks
Wer plant, einen Teil des Gartens mit Wildblumen zu bepflanzen, sollte sie so auswählen, daß sie mit ihrer Umgebung harmonieren. So kommt beispielsweise eine Gruppe der wilden *Iris foetidissima* sehr schön in einer Staudenrabatte mit anderen Zuchtformen der Iris zur Geltung. Allerdings sehen ihre Blüten recht unscheinbar aus. Wirklich großartig sind aber die leuchtendroten Samenköpfe, die sich im Herbst entwickeln und an der Luft getrocknet werden können.

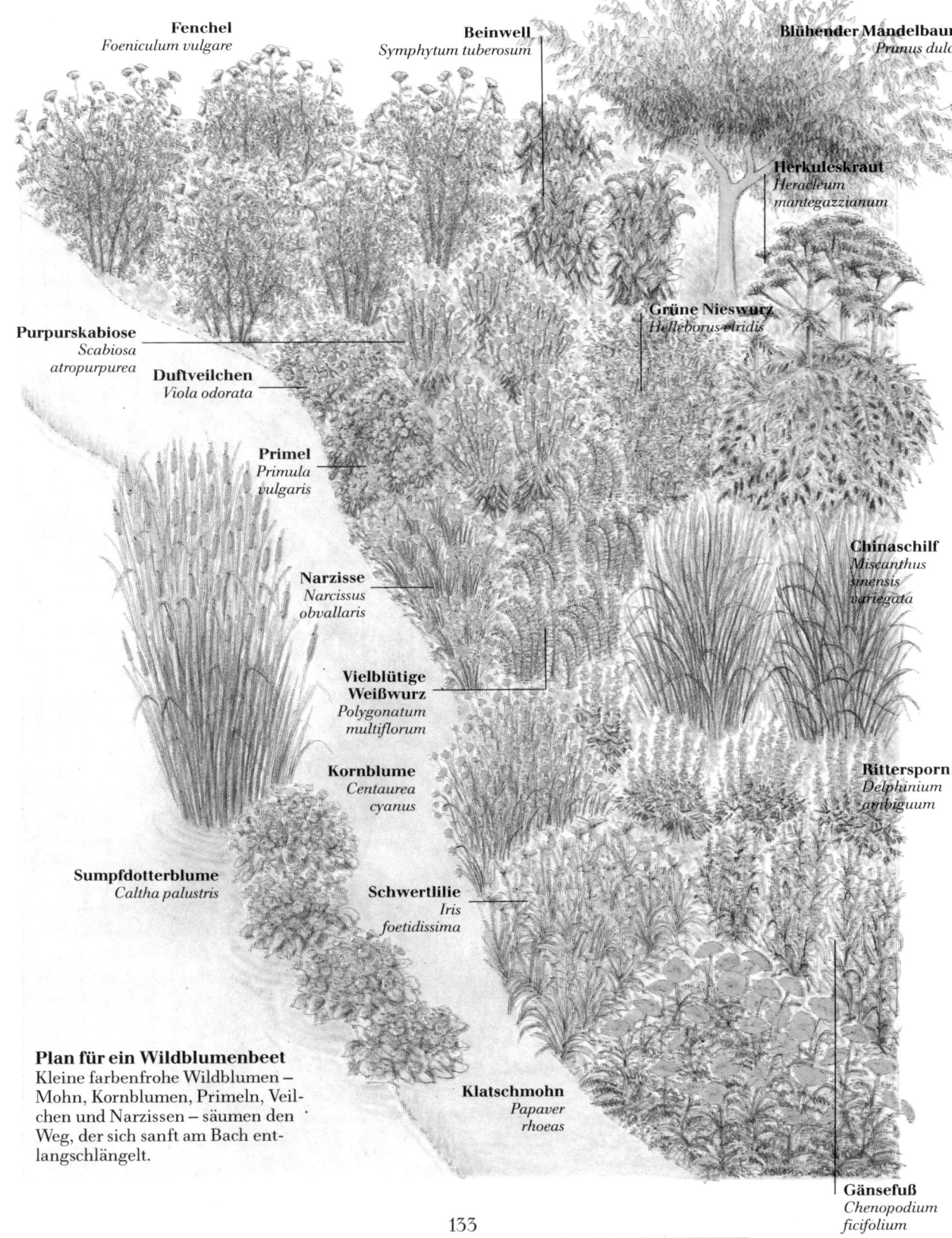

Fenchel
Foeniculum vulgare

Beinwell
Symphytum tuberosum

Blühender Mandelbaum
Prunus dulcis

Herkuleskraut
Heracleum mantegazzianum

Purpurskabiose
Scabiosa atropurpurea

Grüne Nieswurz
Helleborus viridis

Duftveilchen
Viola odorata

Primel
Primula vulgaris

Chinaschilf
Miscanthus sinensis variegata

Narzisse
Narcissus obvallaris

Vielblütige Weißwurz
Polygonatum multiflorum

Rittersporn
Delphinium ambiguum

Kornblume
Centaurea cyanus

Sumpfdotterblume
Caltha palustris

Schwertlilie
Iris foetidissima

Plan für ein Wildblumenbeet
Kleine farbenfrohe Wildblumen –
Mohn, Kornblumen, Primeln, Veil-
chen und Narzissen – säumen den
Weg, der sich sanft am Bach ent-
langschlängelt.

Klatschmohn
Papaver rhoeas

Gänsefuß
Chenopodium ficifolium

NÜTZLICHE TIPS
UND
PFLANZENFÜHRER

In diesem schlichten Sträußchen schmiegt sich die Rose 'Gerda'
zwischen einige Blüten der Gartenstrohblume.

Dieses letzte Kapitel hat eine Fülle hilfreicher Tips für Sie bereit, zum Beispiel, wie Sie Ihren Arrangements mit einer einfachen Schleife den letzten Schliff geben können. Schleifen erscheinen dem Anfänger oft schwierig, doch mit etwas Übung werden Sie bald kein Problem mehr sein.

Ebenfalls in diesem Kapitel finden Sie eine Übersicht über die Werkzeuge und Materialien, die zum Arrangieren von Trockenpflanzen erforderlich sind. Im Grunde ist das Blumenarrangieren sehr einfach. Abgesehen von den wichtigsten »Zutaten« – den Pflanzen und Gefäßen – gibt es nur wenige Dinge, die wirklich notwendig sind, damit Sie ein professionelles Arrangement entstehen lassen können. Mit einer guten Schere, die unbedingt zur Grundausrüstung gehört, werden nicht nur die Pflanzenstengel, sondern auch Blumenband und Draht geschnitten. Darüber hinaus sind Blumen- und Rosendraht, Trocken-Steckmasse und Drahtgeflecht vonnöten.

Ferner enthält das Kapitel einen Pflanzenführer, der Ihnen bei der Auswahl des Pflanzenmaterials helfen soll, egal ob Sie nun die für die Arrangements verwendeten Pflanzen im Garten ziehen oder im Geschäft kaufen. Dort finden sich alle in diesem Buch abgebildeten Pflanzen. Der Führer gibt an, welche Wachstumsbedingungen sie benötigen, wann sie geerntet werden müssen, wie man sie am besten trocknet, wie groß sie werden, und welche Teile sich getrocknet am besten zum Arrangieren eignen. Am Ende jeder Eintragung steht noch ein Verweis, für welche in diesem Buch abgebildeten Gestecke die betreffende Pflanze verwendet wurde, um Ihnen die vielfältigen Möglichkeiten aufzuzeigen, die sich Ihnen beim Arrangieren von Trockenblumen bieten.

Der letzte Schliff

Die letzten Handgriffe sind für ein Gesteck ebenso wichtig wie das Arrangieren der Blumen selbst. Ohne das bunte Band, das den Draht versteckt, die farbenfrohe Schleife oder den Aufhänger aus Bast sehen Buketts, Kränze, Girlanden und Gestecke in ihren Vasen einfach noch nicht fertig aus.

Die Ausführung dieser Abschlußarbeiten hat Einfluß auf den Gesamteindruck des Arrangements, und deshalb zahlt es sich aus, wenn man sich Zeit nimmt, um hier einige Techniken zu perfektionieren.

Bunte Bänder

Insbesondere bei Arrangements, die zum Verschenken gedacht sind, ist die Schleife das A und O. Natürlich können Sie in ein Schreibwarengeschäft gehen und eine fertige Schleife kaufen, die Sie dann an Ihrem Arrangement befestigen. Wahrscheinlich sieht das auch hübsch aus, aber es macht doch viel mehr Spaß, eine individuelle Schleife zu binden, und das Angebot an geeigneten Stoffen ist groß.

Wäscheband ist in vielen Farben und Materialien von Satin bis Samt erhältlich. Man bekommt es in unterschiedlichen Breiten im Kurzwarenladen oder Kaufhaus. Auch Geschenkband wird in zahllosen Variationen angeboten.

Das allseits beliebte Ringelband hat einen ähnlichen Schimmer wie Satin, ist aber fester, und man kann es längs in schmälere Streifen reißen. Es hat gegenüber anderen Materialien den Vorteil, daß man die Enden ringeln kann, indem man sie fest über einen Messerrücken oder eine Schere zieht.

Die Schleife

Schleifen zu binden ist viel einfacher als Sie glauben. Sie legen einfach ein Stück Band ein- oder zweimal in Form einer Acht übereinander, tackern den Kreuzungspunkt in der Mitte zusammen und wickeln an dieser Stelle Silberdraht oder schmales Band um die Schleife. Wer Bindedraht benutzt, muß diesen unter einem bunten Stück Band verstecken. Man kann hier gewöhnlich das gleiche Material verwenden, mit dem man die Schleife am Arrangement befestigt. Bei einer Schleife aus breitem Ringelband kann man die Enden auseinanderzupfen oder ringeln.

Bast, Stroh und Pflanzentriebe

Auch andere, natürlichere Materialien wie etwa Bast, Stroh und biegsame Ranken eignen sich für Schleifen und ähnlichen Schmuck. Ich persönlich bevorzuge Bast, den man naturbelassen oder gefärbt verwenden kann. Für ein kleines Arrangement, Sträußchen oder Bukett, legt man den Bast in mehrere Ringe von etwa 15 cm Durchmesser übereinander und formt diese zu einer Acht, so daß zwei Schlaufen von etwa 7,5 cm Durchmesser entstehen. Diese werden am Kreuzungspunkt zusammengebunden. Dann befestigt man die fertige Schleife am Gesteck. Man kann sie danach auch dekorativ auseinanderzupfen.

Eine andere Idee: Man flicht Baststränge und macht aus dem fertigen Zopf eine Schleife. Bastzöpfe sind auch reizvolle Aufhänger für größere hängende Arrangements wie Kränze oder Girlanden.

Blumendraht

Ganz einfache Aufhänger macht man aus Blumendraht. Man biegt die Mitte des Drahtes zu einer Öse, schiebt die Enden durch Kranz oder Strauß und dreht sie sorgfältig fest. Eventuell noch sichtbare Drahtstücke lassen sich unter einer zum Arrangement passenden Bast- oder Bandschleife verstecken.

Blumendraht kann auch als Nadel benutzt werden, wenn man ein Stück Band durch eine Kranzunterlage oder einen Blumenstrauß ziehen will. Das Band gibt dem Arrangement Halt, und man kann es zu einer dekorativen Schleife binden, beziehungsweise eine Schleife daran befestigen. Wenn man es in dieser Weise verwendet, wirkt das Band aber leider oft als Staubfänger und sollte ausgetauscht werden, sobald es schmutzig oder ausgebleicht aussieht.

Eine einfache Schleife

1 Band zu einer Acht legen, dabei ein langes Ende hängen lassen.

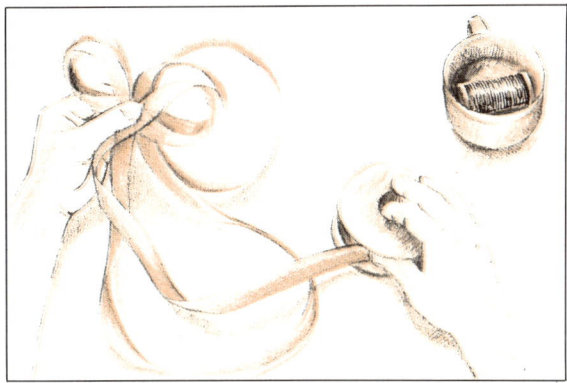

2 Die erste Acht in der Mitte festhalten und eine zweite darauflegen.

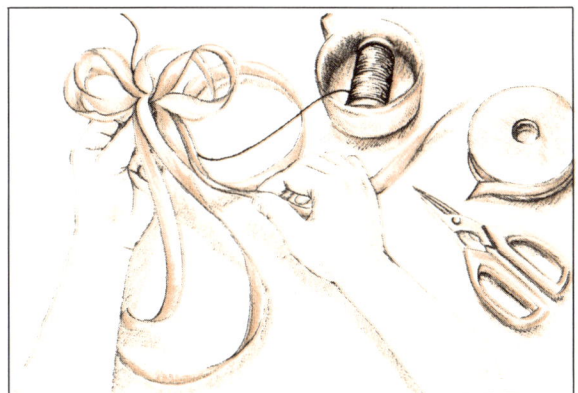

3 Das Band am Kreuzungspunkt zusammenkneifen. Silberdraht darumwickeln und die Enden verknoten.

4 Mit einem Stück Band die Bindestelle des Straußes verstecken und zwei lange Enden hängen lassen.

5 Die Schleife auf den Knoten legen. Die Enden des Bandes, das den Strauß zusammenhält, hervorziehen.

6 Über der Schleife verknoten, die Enden abschneiden und zurechtzupfen.

Eine Mehrfachschleife

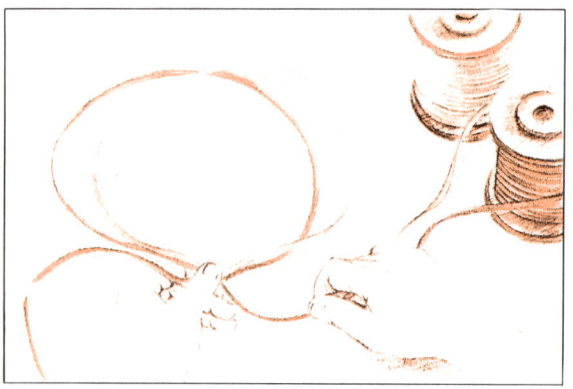

1 Zwei Rollen schmales Ringelband nehmen und einen Ring von etwa 25 cm Durchmesser bilden.

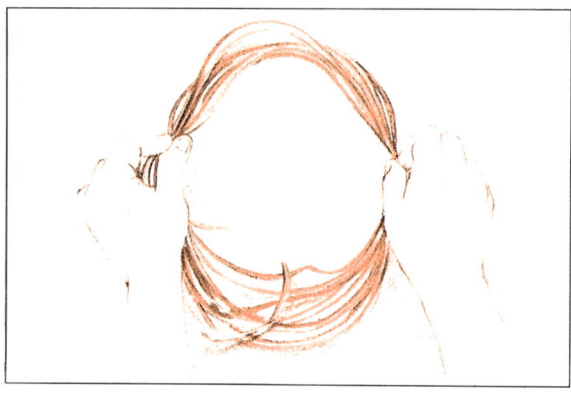

2 Auf den ersten noch sieben weitere Ringe legen und diese auseinanderziehen.

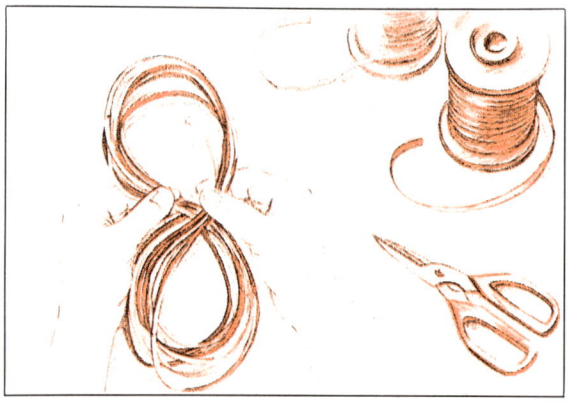

3 An der breitesten Stelle festhalten und eine Acht daraus formen.

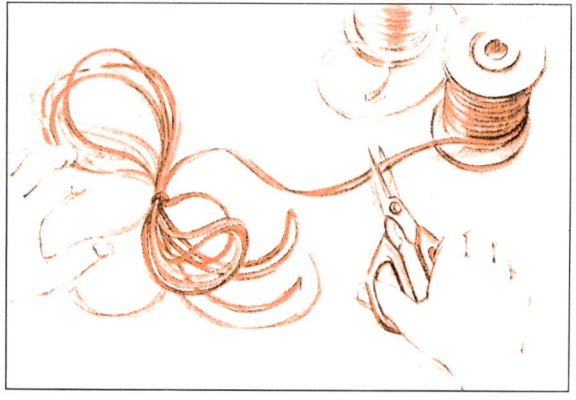

4 Mit einem Stück des gleichen Bandes die Acht in der Mitte fest zusammenbinden.

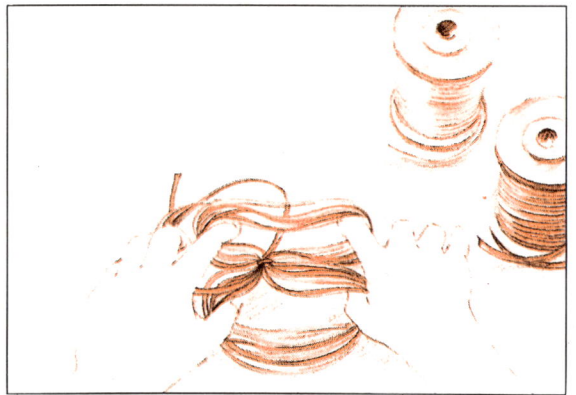

5 Das Band mit Daumen und Zeigefinger vorsichtig auseinanderziehen, damit die Schleife Volumen erhält.

6 Die Schleife mit dem Band, das die Stengel zusammenhält, auf dem Strauß festbinden.

Ein Aufhänger für einen Kranz

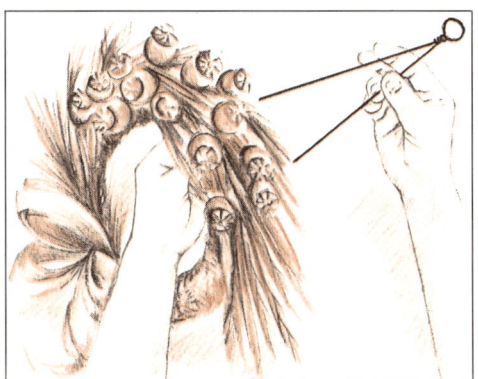

1 Einen Blumendraht mit Blumenband umwickeln. In der Mitte zu einem Ring biegen.

2 Die Drahtenden von hinten durch die Unterlage stecken und wieder nach hinten führen.

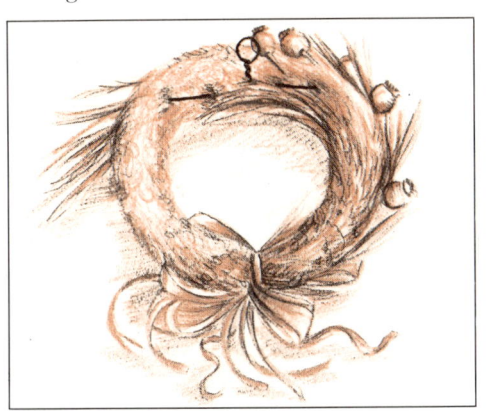

3 Die Enden auf beiden Seiten ordentlich in der Unterlage verstecken.

Einen Aufhänger flechten

Einen Strang Bast auf die gleiche Weise flechten wie die Bastgirlande auf Seite 30. Den Bastzopf zu einer Schlaufe legen und den Kreuzungspunkt fest mit einem weiteren Stück Bast umwickeln. Einen zu einer Öse gebogenen Blumendraht daran befestigen und den Draht von hinten in die Steckunterlage spießen (siehe links).

Einfacher Aufhänger aus Bast

1 Zwei oder drei Baststränge durch die umgebogene Öse eines Blumendrahtes ziehen und den Draht wie eine Stopfnadel durch die Steckunterlage stechen.

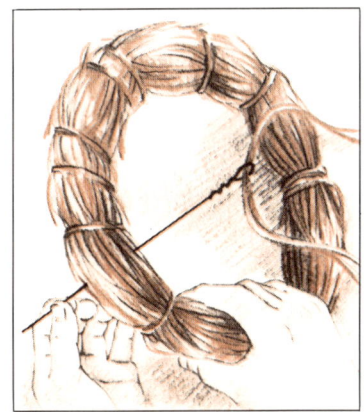

2 Die Bastfäden durch den Unterbau ziehen, ein kurzes Ende hängen lassen, und die »Nadel« noch einmal in entgegengesetzter Richtung durchstecken. Den Draht entfernen und die Bastenden zu einer Schleife binden.

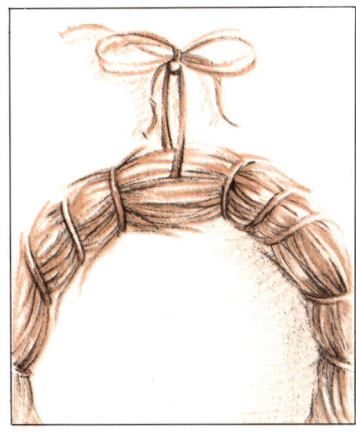

Werkzeuge, Materialien und Gefäße

Zum Arrangieren von Trockenpflanzen sind nur wenige Werkzeuge erforderlich. Und wenn Sie sie mit Sorgfalt auswählen, macht die Arbeit doppelt so viel Spaß, und die Ergebnisse werden absolut professionell.

Schneidewerkzeuge

Das wichtigste Werkzeug ist eine gute Schere. Sie muß robust und scharf sein, denn bei vielen getrockneten Pflanzen sind die Stengel sehr hart. Für Blumendraht und dünnere Drahtsorten können Sie sich auch eine Drahtschere zulegen, und für dickere Stengel ist eine Gartenschere empfehlenswert. Die Gartenschere sollte man aber nicht zum Schneiden von Draht verwenden, denn auf diese Weise wird sie sehr rasch stumpf. Außerdem braucht man noch ein Messer mit einer langen Klinge, um die Blöcke der Steckmasse zurechtzuschneiden.

Stengel mit Draht verlängern

Manchmal haben Trockenblumen gerade die richtige Länge für das Arrangement, oder aber sie sind so lang, daß man sie kürzen muß. Sehr oft sind sie aber auch zu kurz und müssen verlängert werden. Dazu brauchen Sie Blumendraht und Holzspieße für schwerere Pflanzen.

Blumendraht ist in verschiedenen Längen und Dicken erhältlich. Am besten nimmt man Draht in einer Dicke, die gerade ausreicht für den Blütenkopf, den der Draht tragen soll, da dies natürlicher wirkt. Übermäßig dicke Drähte lassen den künstlichen Stengel zu starr erscheinen, zu dünne Drähte biegen sich um.

Blumendraht kann für einzelne Blüten oder kleine Sträußchen verwendet werden. Man befestigt ihn entweder mit dünnem Silberdraht oder windet ihn einfach um den oder die Stengel. Um den künstlichen Stiel zu kaschieren, umwickelt man den Draht vollständig mit Blumenband, das in verschiedenen, natürlich wirkenden Farben erhältlich ist. Auf diese Weise ist der neue Stengel kaum noch von einem gewachsenen zu unterscheiden.

Materialien zum Stützen von Trockenblumen

Häufig stehen Trockenblumen, Früchte und Laub im Gefäß nicht von allein, sondern brauchen einen zusätzlichen Halt. Zu diesem Zweck kann man beispielsweise Trockenschaum bzw. Steckmasse in das Gefäß stecken, die entweder verkeilt oder, wenn die Oberfläche ausreichend rauh ist, festgeklebt wird. Eine dritte Möglichkeit sind Pinholder, die man mit knetbarer Steckmasse am Boden des Gefäßes befestigt (siehe S. 19). Alle genannten Materialien sind in Blumengeschäften, Eisenwarenhandlungen oder Gartencentern erhältlich. Knetbare Steckmasse haftet auf den meisten Oberflächen, so auch auf glänzender, glasierter Töpferware und groben, stark strukturierten Körben.

Anstelle von Trocken-Steckmasse kann ein auf den Gefäßboden gesetzter Pinholder den Stengeln Halt geben. Oft hat man aber den Eindruck, daß immer ausgerechnet dort keine Nadeln sind, wo die Stengel gestützt werden müßten. Dies scheint vor allem dann so zu sein, wenn ein bestimmter Platz für eine Blume besonders wichtig ist.

Für bauchige Gefäße ist Kaninchendraht recht nützlich. Um den Stengeln wirklich Halt zu geben, braucht man mindestens zwei übereinanderliegende Drahtschichten, von denen eine dicht unter dem Gefäßrand sitzen sollte.

Auch getrocknete Linsen und kleine Bohnen eignen sich gut als Stützsubstrat. Man füllt sie einfach in das Gefäß und schiebt dann die Stengel hinein, die hier einen guten Halt finden.

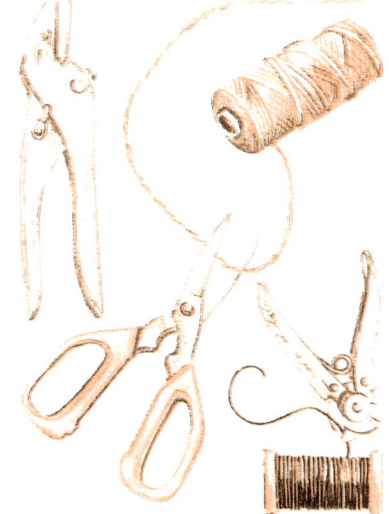

Wo leichte Gefäße verwendet werden, ist es ratsam, zum Beschweren einige kleine Steine oder ein Stück Knetmasse auf den Boden zu legen, damit das fertige Arrangement nicht kopflastig wird.

Um sicherzustellen, daß das Stützmaterial nach der Fertigstellung des Arrangements nicht sichtbar ist, versteckt man Steckmasse oder Hühnerdraht unter einer dünnen Schicht von trockenem Sphagnum oder Blütenblättern. Ideal für diesen Zweck ist Potpourri, das außerdem noch angenehm duftet.

Geeignete Gefäße

Zum Arrangieren von Trockenblumen eignen sich die unterschiedlichsten Gefäße, und vermutlich finden Sie bei sich zu Hause bereits eine große Anzahl, die nur auf ihre Verwendung wartet. Wasserdicht müssen die Gefäße nicht sein. Ein hölzernes Gartensieb, ein angeschlagener Krug, ein Weidenkorb oder ein poröser Tontopf: All das sind großartige Behälter für ein Trockenblumen-Arrangement. Es ist sinnvoll, stets eine Auswahl von Gefäßen zur Hand zu haben. Immer wenn Sie zufällig ein Gefäß finden, das Ihnen gefällt, sollten Sie es Ihrer Sammlung einverleiben. Auf diese Weise haben Sie dann bei der Arbeit mit großer Wahrscheinlichkeit das zum Gesteck und Standort passende Gefäß bereit.

Keramikvasen

Nach schönen Keramikvasen, die sich für Blumenarrangements eignen, werden Sie wahrscheinlich nicht lange suchen müssen. Milch- und Sahnetöpfe, Kasserollen und Soufflékormen, Tee- oder Kaffeekannen, Suppenschüsseln, Salatschalen, Bonbonnieren, Keksdosen oder Behälter für Zucker oder Mehl: All diese Gefäße taugen auch als Vase für Trockenblumen.

Halten Sie in Antiquitätengeschäften und bei Trödlern Ausschau nach passenden Keramikvasen. Man bekommt immer noch verhältnismäßig günstig Keramikgefäße, in denen Trockenarrangements ansprechend zur Geltung kommen. Darüber hinaus bieten Blumen-, Geschenkartikel- und Porzellanwarengeschäfte eine reiche Auswahl an Gefäßen an, die von grober Tonware und Steingut bis zu feinem Porzellan reicht.

Da Trockenblumen meist ungekünstelt und rustikal wirken, eignen sich natürlich Gefäße mit eben diesen Qualitäten für sie am besten. Matte oder schwach glänzende Oberflächen sind deshalb Hochglanzglasuren vorzuziehen, und exakte Muster wirken weniger harmonisch als schlichte einfache Designs. Eine besonders schöne Form der Keramik für Trockenpflanzen ist Steingut.

Es harmoniert mit beinahe jeder Komposition aus Blüten, Laub und Samenköpfen.

Das warme Rot der bei niedrigen Temperaturen gebrannten Terracotta verlangt geradezu nach den satten Tönen von Trockenblumen, und die Tatsache, daß der Ton porös ist, spielt hier überhaupt keine Rolle. Ein einfacher Blumentopf, ein Untersetzer oder eine flache Saatschale kann mit leuchtenden Trockenblumen gefüllt ebenso zierlich aussehen wie dekorative antike Vasen und Schalen. Wenn Terracotta altert, nimmt es eine schöne Färbung an und entwickelt oft eine Patina aus silbrigem Graugrün. Dieser Prozeß läßt sich erheblich beschleunigen, wenn man das Gefäß ins Freie stellt und dort Wind und Wetter aussetzt. Bei strengem Frost kann Terracotta aber Schaden nehmen. Oft wird dieser Schaden erst offenbar, wenn die Temperaturen wieder steigen und der Topf dann einfach auseinanderfällt.

Glasgefäße

Klares Glas stellt für Trockenarrangements ein Problem dar, denn die Stengel des getrockneten Materials sind häufig unansehnlich. Am einfachsten ist es, die Stengel zu verstecken. Zu diesem Zweck steckt man vor Arbeitsbeginn eine Füllung aus Trocken-Steckmasse in das Gefäß, läßt aber zwischen Glas und Masse etwa 1 cm Platz. Dieser Spalt wird dann mit dekorativem Trockenmaterial gefüllt, beispielsweise mit Moos, Potpourri, Blütenblättern oder Laub (siehe S. 19). Keine Probleme gibt es natürlich, wenn man undurchsichtiges Glas verwendet oder wenn die Pflanzenstengel selbst dekorativ aussehen.

Möglicherweise besitzen Sie bereits mehrere Glasgefäße – Krüge, Trinkgläser, eine Karaffe oder auch ein Goldfischglas. Andernfalls finden Sie in Blumen- und Geschenkläden ein großes Angebot an interessanten Glasvasen. Schlichte zylindrische oder rechteckige Vasen aus klarem Glas eignen sich ausgezeichnet für Trockenblumen, insbesondere wenn das Trockenmaterial, mit denen sie ausgekleidet werden, auf die verwendeten Pflanzen abgestimmt ist.

Metallgefäße

Hier werden Sie in Ihrer Küche Inspirationen finden, wo Kuchen- und Brotformen, aber auch Eiskübel oder metallene Salatschüsseln aufbewahrt werden. Vielleicht gehören Sie auch zu den Glücklichen, die einen Topf oder eine Kasserolle aus Kupfer besitzen. Die Farbe dieser Behälter eignet sich ideal für Trockenblumen. Teebüchsen und silberne Pokale bieten sich ebenfalls an. Aus Metall sind häufig auch Dosen mit geprägtem oder aufgemaltem Dekor. Und natürlich sind Blumenschalen und Übertöpfe aus Messing und Kupfer auch in Blumengeschäften und Kaufhäusern erhältlich.

Korbwaren

Körbe gehören zu den schönsten Behältern für Trockenblumen. Da auch sie aus getrocknetem Material bestehen, haben sie eine natürliche Affinität zu den Trockenblumen. Deshalb kann man kaum einen Fehler machen, wenn man sie für ein Arrangement wählt. Lediglich in hochmodischen Räumen wirken sie unter Umständen wie ein Fremdkörper.

Körbe sind heute in riesiger Auswahl in Blumengeschäften und Kaufhäusern erhältlich. Sie werden unter anderem aus Weide, Hasel, Birke, Holunder und Esche hergestellt, aber auch Binsen und Schilf gehören zu den traditionellen Arbeitsmaterialien des Korbmachers. Daneben gibt es natürlich noch solche exotischen Materialien wie Bambus, Palmwedel, Olivenholz, knorrige Weinranken und viele andere Materialien, an die man im Zusammenhang mit der Korbflechterei kaum denken würde. Sogar die Stengel von Lavendel, Thymian und Ginster lassen sich zu hübschen Körben verflechten, und die beiden ersten verströmen dazu noch einen herrlichen Duft, der viele Monate anhält. Alte gebrauchte Körbe besitzen einen ganz besonderen Charakter, und vielleicht

entdecken Sie daheim einen alten Einkaufs-, Papier- oder Brennholzkorb, der so zu neuen Ehren kommt.

Gefäße aus Holz

Schon schwerer zu finden sind Behälter aus Holz, doch auch sie harmonieren wunderbar mit Trockenblumen-Arrangements. Ein hölzernes Gartensieb ist geradezu ideal, ebenso ein alter geschnitzter Kasten aus Eichen- oder Ulmenholz, eine Salatschüssel aus Olivenholz und selbst eine schlichte hölzerne Pikierkiste oder eine alte Obststeige. Vielleicht stöbern Sie bei sich auch eine alte Lackschachtel oder ein bemaltes Nähkästchen auf, das Sie verwenden können. Die Farben der Dekoration werden vielleicht das Farbthema des Arrangements bestimmen.

Gefäße verwandeln

Gefäße, die unansehnlich oder beschädigt sind, lassen sich umgestalten, um den Makel zu kaschieren oder sie einem besonderen Blumenarrangement anzupassen. Versuchen Sie in einem solchen Fall, etwas von dem für das Arrangement verwendeten Trockenmaterial in die Verkleidung des Behälters einzubeziehen, so daß eine Harmonie zwischen beiden entsteht. Sehr leicht geht das mit blattlosen Trieben, Moos, belaubten Stengeln und Blumen wie Lavendel und Majoran.

Die meisten Behälter lassen sich mit einer Schicht aus Moos oder Heu oder beidem sowie einigen Blumen verkleiden. Das geht sogar bei einem ganz einfachen Kunststoffeimer: Man muß das Heu oder Moos lediglich mit einigen Streifen Bast am Eimer festbinden. Wenn das wegen der Wölbung des Gefäßes nicht möglich ist, klebt man statt dessen das Moos einfach mit einem schnelltrocknenden Klebstoff fest. Weitere Materialien, die sich zum Verkleiden anbieten, sind Stoff oder feingeflochtene Matten.

Pflanzenführer

Auf den folgenden Seiten ist eine große Auswahl an Pflanzen beschrieben, die sich erfolgreich trocknen oder konservieren lassen. Sie sind in der Reihenfolge ihrer lateinischen Namen aufgelistet. Darunter finden Sie Informationen zum Anbau, zur Trocknung und Verwendung der Pflanzen sowie Hinweise auf etwaige Abbildungen.

Acacia dealbata
Akazie, Mimose
FARBE Gelb
STANDORT Hell und geschützt; keine besonderen Bodenansprüche
ERNTEZEIT Frühjahr
TROCKNUNG Hängend an der Luft
HÖHE Bis 1 m
VERWENDETE TEILE Blütenzweige
Die blühenden Zweige der Mimose lassen sich gut trocknen, und sowohl Blüten als auch Blätter bewahren ihre Farbe ausgezeichnet. Arrangements verleihen sie ein zartes, duftiges Aussehen, und zu robusteren Formen bilden sie ein hübsches Gegengewicht.
ABGEBILDET S. 17, 62

Acer sp.
Ahorn
FARBEN Grün, Rot, Gold
STANDORT Hell; keine besonderen Bodenansprüche
PFLANZPLAN S. 113
ERNTEZEIT Sommer, Herbst
TROCKNUNG Durch Pressen
HÖHE 30 cm und mehr
VERWENDETE TEILE Zweige, Blätter
Sowohl das grüne Sommerlaub als auch die leuchtend gefärbten Herbstblätter des Ahorns lassen sich unter einem Teppich pressen.
ABGEBILDET S. 99

Achillea filipendulina
'Coronation Gold' und andere Sorten
Goldgarbe
FARBE Gelb
STANDORT Hell; keine besonderen Bodenansprüche
PFLANZPLAN S. 113
ERNTEZEIT Sommer
TROCKNUNG Hängend oder aufrecht an der Luft
HÖHE 1 m
VERWENDETE TEILE Blütenstände
Diese winterharte Staude entwickelt flache, leuchtendgelbe Blütenstände, die stets einen Blickfang bilden. Man kann sie alleine verwenden, aber auch mit anderen Trockenblumen mischen.
ABGEBILDET S. 29, 62, 63

Achillea millefolium 'Cerise Queen'
Schafgarbe
FARBE Rosa
STANDORT Hell; keine besonderen Bodenansprüche
ERNTEZEIT Sommer
TROCKNUNG Hängend an der Luft
HÖHE 60 cm
VERWENDETE TEILE Blütenstände
Obgleich diese Garbe beim Trocknen mattrosa wird, sind die flachen Blütenstände besonders für gemischte, rustikale Arrangements in gedämpfen Farben geeignet.
ABGEBILDET S. 12, 34

Alchemilla mollis
Frauenmantel
FARBE Gold
STANDORT Hell; keine besonderen Bodenansprüche
PFLANZPLAN S. 113, 125
ERNTEZEIT Frühsommer
TROCKNUNG Hängend an der Luft
HÖHE 30 cm
VERWENDETE TEILE Blütenstengel
Der Frauenmantel mit seinen filigranen goldgelben Blütenständen eignet sich gut als Füllmaterial. Seine leuchtenden Farben beleben die Töne der anderen Trockenblumen im Arrangement.
ABGEBILDET S. 29, 91, 126

Allium afflatuense
Zierlauch
FARBE Rosa
STANDORT Hell; keine besonderen Bodenansprüche
ERNTEZEIT Sommer
TROCKNUNG Hängend oder aufrecht an der Luft
HÖHE 75 cm
VERWENDETE TEILE Blüten- und Fruchtstände
Zierlauch läßt sich leicht trocknen, und man kann sowohl Blüten- als auch Fruchtstände verwenden. Um bunte Blütenbälle zu erhalten, trocknet man es, sobald sich die Knospen zu öffnen beginnen. Interessante Strukturen bieten dagegen die Fruchtstände, die man sich voll entwickeln läßt.
ABGEBILDET S. 127

Alstroemeria ligtu Hybride
Inkalilie
FARBEN Gelb, Orange, Rot, Rosa
STANDORT Sonnig; durchlässiger Boden
ERNTEZEIT Sommer
TROCKNUNG Durch Trockenmittel
HÖHE 3 cm (Blüten)
VERWENDETE TEILE Blüten
Diese zarten Lilien lassen sich leicht mit Trockenmittel konservieren.
ABGEBILDET S. 101

Amaranthus caudatus viridis
Fuchsschwanz
FARBE Grün
STANDORT Hell; keine besonderen Bodenansprüche
PFLANZPLAN S. 125
ERNTEZEIT Sommer
TROCKNUNG Hängend oder aufrecht an der Luft
HÖHE 30 cm
VERWENDETE TEILE Blütenstände
Aufgehängt trocknen die Blütenstände gerade, aufrecht getrocknet biegen sie sich herab.

Die auffälligen, schlanken Blütenstände kommen zusammen mit weichen, runden Formen vorteilhaft zur Geltung.
ABGEBILDET S. 127

Allium afflatuense
Zierlauch

Amaryllis belladonna
Belladonnalilie
FARBEN Rosa, Rot, Weiß
STANDORT Vor einer sonnigen Mauer in durchlässigem Boden oder in einem Topf
ERNTEZEIT Herbst
TROCKNUNG Durch Trockenmittel
HÖHE 12,5 cm (Blüten)
VERWENDETE TEILE Blüten
Diese dekorativen Zwiebelblumen entwickeln große, lilienähnliche Blüten, die rosa, rot und weiß sind. Am besten lassen sie sich mit Trockenmittel konservieren. Für große Sommerarrangements verwenden oder einzelne Blüten auf getrockneten Blütenblättern in einer Schüssel mit Wasser treiben lassen.
ABGEBILDET S. 101

Ammobium alatum
Papierknöpfchen, Sandimmortelle
FARBE Weiß
STANDORT Hell; keine besonderen Bodenansprüche
PFLANZPLAN S. 125
ERNTEZEIT Sommer
TROCKNUNG Hängend an der Luft
HÖHE 30 cm
VERWENDETE TEILE Blüten
Diese einfachen kleinen Korbblüten haben auch nach dem Trocknen ein recht schönes Weiß. Leider sind die Stengel unterhalb der Blüten sehr dünn und knicken leicht um. Man kann die Blüten — wenn sie aufrecht stehen sollen — in Büscheln andrahten, andernfalls läßt man die Stengel überhängen. ABGEBILDET S. 13, 97, 127

Anaphalis yedoensis
Perlpfötchen
FARBE Weiß
STANDORT Hell; keine besonderen Bodenansprüche
PFLANZPLAN S. 131
ERNTEZEIT Sommer
TROCKNUNG Hängend oder aufrecht an der Luft
HÖHE 30 cm
VERWENDETE TEILE Blüten
Die kleinen Blüten von Anaphalis yedoensis haben eine

sehr einfache, lockere Form. Sie sehen in bunten Sträußchen und auch zusammen mit anderen Blumen hübsch aus.

Anemone coronaria
Gartenanemone, Kronenanemone
FARBEN Rot, Violett, Weiß, Gelb
STANDORT Hell; durchlässiger Boden
ERNTEZEIT Frühjahr, Sommer
TROCKNUNG Durch Pressen oder Trockenmittel
HÖHE 3,5 cm (Blüten)
VERWENDETE TEILE Blüten
Anemonen sehen besonders hübsch in Bildern aus gepreßten Blüten aus. Sie können aber auch mit Trockenmittel getrocknet wie frische Anemonen in Gestecken verwendet werden, oder man legt die Blütenköpfe in eine Schüssel mit Duft-Potpourri.
ABGEBILDET S. 99

Anethum graveolens
Dill
FARBE Weiß
STANDORT Hell; keine besonderen Bodenansprüche
ERNTEZEIT Sommer
TROCKNUNG Hängend an der Luft
HÖHE 45 cm
VERWENDETE TEILE Blütendolden
Die Blütenstände des Dill bilden in Arrangements einen filigranen Blickfang. Die Stengel bewahren für lange Zeit ihren typisch würzigen Duft.
ABGEBILDET S. 13, 29

Anigozanthos sp.
Känguruhblume
FARBE Creme
STANDORT Hell; keine besonderen Bodenansprüche
ERNTEZEIT Herbst
TROCKNUNG Hängend an der Luft
HÖHE 45 cm
VERWENDETE TEILE Blütenstände
Die zarten kleinen Blüten dieser empfindlichen australischen Pflanze öffnen sich mit einem rostfarbenen Kelch, der ihnen besonderen Charme

verleiht. Am besten für kleinere Arrangements geeignet, in denen sie sehr frisch wirken.
ABGEBILDET S. 79

Anthemis nobilis
Römische Kamille
FARBE Weiß
STANDORT Hell; keine besonderen Bodenansprüche
ERNTEZEIT Sommer
TROCKNUNG Hängend an der Luft
HÖHE 30 cm
VERWENDETE TEILE Blüten
Die kleinen Mitten der Blüten bilden nach dem Trocknen einen festen Knopf. Wenn man sie in einer leuchtenden Farbe färbt, ergeben diese hübschen kleinen Halbkugeln einen verblüffenden Blickfang.
ABGEBILDET S. 107

Arundinaria sp.
Bambusgras
FARBE Grün
STANDORT Hell; keine besonderen Bodenansprüche
PFLANZPLAN S. 113
ERNTEZEIT Sommer
TROCKNUNG Hängend an der Luft oder flach ausgebreitet
HÖHE 1,8 m und mehr
VERWENDETE TEILE Belaubte Halme
Bambus trocknet leicht, dabei färben sich seine Blätter bläulich-grün. Ideal für große und mittlere Arrangements. *Arundinaria nitida* hat kleine Blätter.
ABGEBILDET S. 66, 67

Astilbe arendsii
Astilbe, Prachtspiere
FARBEN Rosa, Creme, Rost
STANDORT Hell; feuchter Boden
ERNTEZEIT Sommer
TROCKNUNG Hängend an der Luft
HÖHE 60 cm
VERWENDETE TEILE Blütenrispen
Die zarten Blüten der schlanken Rispen wirken in jedem Arrangement ungemein dekorativ, und die weichen cremeweißen, rosa und rostfarbenen Töne harmonieren mit

beinahe allen anderen Trockenblumen.

Athyrium filix-femina
Frauenfarn
FARBE Grün
STANDORT Schattig; keine besonderen Bodenansprüche
PFLANZPLAN S. 130
ERNTEZEIT Sommer
TROCKNUNG Durch Pressen
HÖHE 60 cm
VERWENDETE TEILE Wedel
Die anmutigen Wedel des Frauenfarns sehen wunderhübsch als Hintergrund für andere Blumen oder zusammen mit farbigem Laub aus.
ABGEBILDET S. 54, 55, 99

Avena fatua
Flughafer
FARBE Grün
STANDORT Sonnig; keine besonderen Bodenansprüche
ERNTEZEIT Sommer
TROCKNUNG Hängend oder aufrecht an der Luft
HÖHE 45 cm
VERWENDETE TEILE Ähren
Die zarten, nickenden Köpfe des Hafers können grün und unreif oder reif und honigfarben getrocknet werden.
ABGEBILDET S. 54, 55, 97

Betula pendula
Weißbirke
FARBE Braun
STANDORT Hell; keine besonderen Bodenansprüche
ERNTEZEIT Winter
TROCKNUNG Am vorgesehenen Platz an der Luft
HÖHE 0,30–1,20 m
VERWENDETE TEILE Zweige
Mit Kätzchen besetzte Zweige lassen Arrangements zart wirken und trocknen von selbst. Man kann die Zweige auch färben und für Weihnachtsdekorationen verwenden oder zu einer kranzförmigen Steckunterlage winden.
ABGEBILDET S. 26, 107

Briza media
Zittergras
FARBE Grün
STANDORT Sonnig; keine besonderen Bodenansprüche
ERNTEZEIT Sommer

TROCKNUNG Hängend oder aufrecht an der Luft
HÖHE 30 cm
VERWENDETE TEILE Ähren
Die kleinen, nickenden Köpfchen des Zittergrases verleihen Arrangements eine interessante Struktur. Zittergras ist ein gutes Füllmaterial.
ABGEBILDET S. 46

Bupleurum sp.
Hasenohr
FARBE Weiß
STANDORT Hell; keine besonderen Bodenansprüche
ERNTEZEIT Herbst
TROCKNUNG Hängend an der Luft
HÖHE 30–60 cm
VERWENDETE TEILE Blütendolden, Blätter
Sowohl das grüne Laub als auch die weißen Blüten dieser zarten australischen Pflanze sind ein schönes Füllmaterial für den Hintergrund von Arrangements.

Calendula officinalis
Ringelblume
FARBE Orange
STANDORT Sonnig; keine besonderen Bodenansprüche
PFLANZPLAN S. 113
ERNTEZEIT Sommer
TROCKNUNG Hängend an der Luft
HÖHE 22 cm
VERWENDETE TEILE Blüten
Ringelblumen werden am besten rasch an einem warmen, luftigen Platz getrocknet. Aber auch dann zerfallen sie leicht, wenn sie nicht mit großer Vorsicht behandelt werden; haben eine kräftige Farbe und sehen in zwanglosen Arrangements hübsch aus.

Callistemon subulatus
Zylinderputzer
FARBE Rot
STANDORT Hell; keine besonderen Bodenansprüche
ERNTEZEIT Sommer
TROCKNUNG Hängend an der Luft
HÖHE 30–60 cm
VERWENDETE TEILE Blätter, Blüten
Der Zylinderputzer gehört zu

den schönsten roten Trockenblumen. Die kleinen grünen Blätter heben sich hübsch von den scharlachroten Staubfäden ab. Die Pflanze verleiht Arrangements eine exotische Note.
ABGEBILDET S. 97, 114

Camellia japonica
Kamelie
FARBEN Rot, Rosa, Weiß, Grün
STANDORT Halbschattig; saurer Boden
PFLANZPLAN S. 130
ERNTEZEIT Frühjahr
TROCKNUNG Durch Trockenmittel, Kandieren oder Glyzerin
HÖHE Bis 7,5 cm (Blüten), 45 cm (belaubte Zweige)
VERWENDETE TEILE Blüten, Blätter
Die Blüten bewahren die Farbe gut und können als Hauptelement in Arrangements oder – kandiert – als Dekoration verwendet werden. Zweige lassen sich mit Glyzerin konservieren, werden aber sehr dunkel.
ABGEBILDET S. 105

Carlina acaulis caulescens
Silberdistel
FARBE Weiß
STANDORT Sonnig; keine besonderen Bodenansprüche
ERNTEZEIT Herbst
TROCKNUNG Aufrecht an der Luft
HÖHE 30 cm
VERWENDETE TEILE Blütenköpfe
Diese wunderschönen, aber tückischen großen Distelköpfe haben 10 bis 15 cm Durchmesser und gehören zu den imposantesten Trockenblumen. Obwohl sie sehr wild wirken, passen sie in strenge wie in zwanglose Arrangements.
ABGEBILDET S. 13, 29, 97

Carthamus tinctorius
Färberdistel
FARBE Orange
STANDORT Sonnig; keine besonderen Bodenansprüche
ERNTEZEIT Sommer

TROCKNUNG Hängend an der Luft
HÖHE 45 cm (Stengel)
VERWENDETE TEILE Blüten, belaubte Stengel
Pflücken, sobald sich die orangefarbenen Blüten zeigen, dann sehen sie nach dem Trocknen am schönsten aus. Die Blüten sind kräftig gefärbt und kommen in dichter Steckweise großartig zur Geltung. Man sollte die Färberdistel mit den oberen Blättern trocknen, da sie einen hübschen Hintergrund für die Blüten bilden.
ABGEBILDET S. 91, 97

Ceanothus 'A. T. Johnson'
Säckelblume
FARBE Blau
STANDORT Sonnig; vorzugsweise vor einer Mauer in durchlässigem Boden
PFLANZPLAN S. 119
ERNTEZEIT Frühsommer, Herbst
TROCKNUNG Mit Trockenmittel
HÖHE 13 cm (Blütenzweige)
VERWENDETE TEILE Blütenzweige
Die Säckelblume blüht zweimal, erst im Frühsommer und dann wieder im Herbst. Die Blüten haben eine großartige blaue Farbe und bilden in jedem Arrangement eine aufregende Ergänzung.

Celosia argentea cristata
Echter Hahnenkamm
FARBE Rot
STANDORT Sonnig; keine besonderen Bodenansprüche
PFLANZPLAN S. 125
ERNTEZEIT Sommer
TROCKNUNG Hängend an der Luft
HÖHE 30 cm
VERWENDETE TEILE Blüten
Diese außergewöhnlichen Blüten sehen – wie ihr Name vermuten läßt – einem Hahnenkamm ähnlich. Für wirkungsvolle Effekte verwendet man ganze Köpfe; zarter wirken einzelne, drahtverstärkte Segmente.
ABGEBILDET S. 12, 25, 126, 128

Centaurea cyanus
Kornblume
FARBE Blau
STANDORT Sonnig; keine besonderen Bodenansprüche
PFLANZPLAN S. 119, 133
ERNTEZEIT Sommer
TROCKNUNG Hängend an der Luft
HÖHE 22 cm
VERWENDETE TEILE Blüte
Die intensivblauen Kornblumen sollten rasch an einem warmen, luftigen und trockenen Platz getrocknet werden, damit sie schön bleiben. Sie gehören zu den am kräftigsten gefärbten blauen Blumen und können büschelweise in Arrangements oder einzeln in zarteren Gartenbuketts verwendet werden.
ABGEBILDET S. 66, 68, 127

Centaurea macrocephala
Flockenblume
FARBE Gelb
STANDORT Sonnig; keine besonderen Bodenansprüche
ERNTEZEIT Sommer
TROCKNUNG Hängend an der Luft
HÖHE 45 cm
VERWENDETE TEILE Blüten
Pflücken, sobald sich die gelben Blüten zu öffnen beginnen und einige der oberen Blätter am Stengel lassen. Die runden, leuchtendgelben Blüten haben eine imposante Form und eignen sich ausgezeichnet für große Arrangements.
ABGEBILDET S. 62, 63

Chaerophyllum temulentum
Kälberkropf
FARBE Weiß
STANDORT Hell; keine besonderen Bodenansprüche
ERNTEZEIT Sommer
TROCKNUNG Durch Pressen, hängend oder aufrecht an der Luft
HÖHE 30 cm
VERWENDETE TEILE Blüten, Fruchtstände
Die Blütendolden des Kälberkropfs und der meisten ähnlichen Doldenblütler wie Fenchel, Wiesenkerbel und Bärenklau können gepreßt wer

den und lassen wunderschöne Strahlenmuster aus Stielen und Blüten entstehen. Die Fruchtstände werden in Sträußen hängend oder aufrecht stehend getrocknet.
ABGEBILDET S. 99

Chenopodium ficifolium
Feigenblättriger Gänsefuß
FARBE Creme
STANDORT Hell; keine besonderen Bodenansprüche
PFLANZPLAN S. 133
ERNTEZEIT Herbst
TROCKNUNG Aufrecht an der Luft
HÖHE 1,20 m
VERWENDETE TEILE Blütenstengel
Die großen Blütenstengel dieser heimischen Pflanze lassen sich sehr leicht trocknen. Einzelne Zweige der Scheinähren als Füllmaterial verwenden oder die ganzen Stengel als dramatische Blickfänge in große Arrangements integrieren.

Choisya ternata
Orangenblume
FARBE Grün
STANDORT Sonnig oder schattig; keine besonderen Bodenansprüche
ERNTEZEIT Sommer
TROCKNUNG Durch Glyzerin
HÖHE 30 cm
VERWENDETE TEILE Belaubte Zweige
Die Blätter eignen sich ideal zur Konservierung mit Glyzerin und verfärben sich nur wenig. Die Blattform ist interessant und sieht zusammen mit Eukalyptus- und Buchenlaub sehr schön aus.

Chrysanthemum vulgare
Rainfarn
FARBE Gelb
STANDORT Sonnig; keine besonderen Bodenansprüche
ERNTEZEIT Sommer
TROCKNUNG Hängend an der Luft
HÖHE 45 cm
VERWENDETE TEILE Blütenstengel
Die meisten Chrysanthemum-Arten eignen sich nicht

zum Trocknen, doch Rainfarn ist eine Ausnahme. Die kleinen goldenen Blüten sind ideal für rustikale Arrangements.
ABGEBILDET S. 128

Cladonia sp.
Rentierflechte
FARBE Silber
STANDORT Schattig; saurer Boden
ERNTEZEIT Ganzjährig
TROCKNUNG In einer Kiste oder einem Korb an der Luft
HÖHE 5 cm
VERWENDETE TEILE Ganze Pflanze
Die Flechte ist außerordentlich vielseitig. Man kann sie als Untergrund für Trockenblumen-Arrangements verwenden oder Kränze, Bäume und andere Steckunterlagen mit ihr verkleiden. Man kann sie auch mit Draht büschelweise zusammenfassen und wie Blumen verwenden.
ABGEBILDET S. 50, 53, 76, 106, 107

Clematis vitalba
Waldrebe
FARBE Weiß
STANDORT Hell; keine besonderen Bodenansprüche
ERNTEZEIT Spätsommer
TROCKNUNG Hängend an der Luft
HÖHE 90 cm (Triebe)
VERWENDETE TEILE Ranken mit Fruchtständen
Die wunderschönen Fruchtstände vieler Clematis-Arten bilden in jedem Arrangement eine großartige Ergänzung. Die Triebe sind interessant gedreht und haben faszinierende knorrige Formen.
ABGEBILDET S. 11

Cortaderia selloana
Pampasgras
FARBE Creme
STANDORT Hell; keine besonderen Bodenansprüche
ERNTEZEIT Herbst
TROCKNUNG Aufrecht an der Luft
HÖHE 1,5 m
VERWENDETE TEILE Blütenrispen

Pampasgras in dem Moment pflücken, wenn die fedrigen Blütenrispen voll entwickelt sind. Mit Haarspray besprühen, damit die Samen nicht herausfallen. Für sich oder zusammen mit anderen Gräsern arrangieren oder teilen und zu kleineren Gestecken verarbeiten.

Corylus avellana contorta
Korkenzieherhasel
FARBE Braun
STANDORT Hell; keine besonderen Bodenansprüche
ERNTEZEIT Winter
TROCKNUNG Am vorgesehenen Platz an der Luft
HÖHE 90 cm
VERWENDETE TEILE Zweige
Die merkwürdig gedrehten Zweige dieser Haselart trocknen nur, wenn man sie im Winter pflückt. Für festliche Arrangements einfärben.
ABGEBILDET S. 87

Cotinus coggygria
Perückenstrauch
FARBE Braun
STANDORT Hell; keine besonderen Bodenansprüche
PFLANZPLAN S. 131
ERNTEZEIT Herbst
TROCKNUNG Hängend an der Luft
HÖHE 45 cm
VERWENDETE TEILE Blütenrispen
Die fedrigen Blütenrispen lassen den Eindruck entstehen, als sei der ganze Strauch in Rauch gehüllt. Blätter beim Pflücken entfernen und Blüten mit Zweigen verwenden für einen duftigen, zarten Hintergrund.

Crocus chrysanthus
Krokus
FARBEN Gelb, Blau
STANDORT Hell; keine besonderen Bodenansprüche
ERNTEZEIT Frühjahrsbeginn
TROCKNUNG Durch Trockenmittel
HÖHE 10 cm (Blüten)
VERWENDETE TEILE Blüten
Jede Blüte andrahten, bevor sie in Trockenmittel gelegt wird. Eine Schale nur mit

Krokussen kann wunderschön aussehen.

Cucurbita maxima
Riesenkürbis
FARBE Orange
STANDORT Sonnig; fruchtbarer Boden
ERNTEZEIT Herbst
HÖHE 30 cm und mehr
VERWENDETE TEILE Schale
Zum Erntedankfest Riesenkürbisse aushöhlen und Gesichter hineinschneiden.
ABGEBILDET S. 81

Cucurbita pepo
Zierkürbis
FARBEN Orange, Grün, Gelb
STANDORT Sonnig; keine besonderen Bodenansprüche
ERNTEZEIT Herbst
TROCKNUNG Aufrecht an der Luft
HÖHE bis 30 cm
VERWENDETE TEILE Früchte
Die reifen Früchte an einem trockenen Platz auf natürliche Weise trocknen lassen. Mit Lack besprühen, damit sie länger schön sind, und die leuchtende Farbe der Schale erhalten bleibt.
ABGEBILDET S. 80, 81

Cynara scolymus
Artischocke
FARBE Grün
STANDORT Sonnig; keine besonderen Bodenansprüche
ERNTEZEIT Herbst
TROCKNUNG Hängend oder aufrecht an der Luft
HÖHE 60 cm und mehr
VERWENDETE TEILE Blütenköpfe
Artischocken entweder vor dem Öffnen der grünlichbraunen Knospen pflücken und trocknen oder wenn sich die blauen Blüten zu öffnen beginnen. Die großen, schön geformten Köpfe bieten sich von selbst für große Arrangements an und sehen auch einzeln ansprechend aus.
ABGEBILDET S. 45, 96

Cytisus scoparius
Besenginster
FARBEN Gelb, Weiß, Rosa, Grün

STANDORT Hell; keine besonderen Bodenansprüche
ERNTEZEIT Ganzjährig
TROCKNUNG Hängend an der Luft
HÖHE 60 cm (Zweige)
VERWENDETE TEILE Zweige
Die dünnen grünen Zweige können mit oder ohne Blüten getrocknet werden. In beiden Fällen lassen sie in Arrangements zugleich zarte und borstige Effekte entstehen.
ABGEBILDET S. 33

Dahlia sp.
Dekorative Dahlie und Pompondahlie
FARBEN Rot, Gelb, Weiß, Rosa, Lila
STANDORT Sonnig; keine besonderen Bodenansprüche
PFLANZPLAN S. 113
ERNTEZEIT Herbst
TROCKNUNG Hängend an der Luft oder durch Trockenmittel
HÖHE 30 cm
VERWENDETE TEILE Blüten
Die dichtstehenden Blütenblätter der Dahlien trocknen gut an der Luft, wenn man sie etwa vier Tage, bevor sie voll erblüht sind, pflückt. Wirklich vollkommene Blüten können mit Trockenmittel konserviert werden. Ihre warmen herbstlichen Farben und gerollten Blütenblätter geben Arrangements Stärke.
ABGEBILDET S. 12, 13, 23, 114, 115

Delphinium consolida
Ackerrittersporn
FARBEN Rosa, Blau, Weiß
STANDORT Sonnig; keine besonderen Bodenansprüche
ERNTEZEIT Sommer
TROCKNUNG Hängend an der Luft
HÖHE 60 cm
VERWENDETE TEILE Blütenstengel
In Farbe und Form eine der schönsten Trockenblumen. Rittersporn trocknet sehr leicht und paßt in fast jedes Arrangement. Für sich oder zusammen mit anderen Blumen arrangieren. Die leuchtendgefärbten Blütenstände

verleihen Arrangements eine interessante Note.
ABGEBILDET S. 41, 54, 58, 62, 64, 121

Delphinium elatum
Hoher Rittersporn
FARBEN Blau, Lila, Rosa, Weiß
STANDORT Sonnig; durchlässiger Boden
ERNTEZEIT Sommer
TROCKNUNG Aufrecht oder hängend an der Luft
HÖHE 0,90–1,20 m
VERWENDETE TEILE Blütenstengel
Die vielen Hybriden von *Delphinium elatum* werden in einer enormen Farbpalette angeboten, die von Knallblau über Grau- und Lilatöne bis Rosa und Weiß reicht. Am besten trocknet man sie aufrecht an einem kühlen, dunklen, trocknen Platz in etwa 8 cm Wasser, das langsam verdunstet. Man kann sie auch hängend trocknen, doch werfen sie dann leichter die Blüten ab. Blaue Sorten sehen besonders schön vor grünem Buchen- oder Ahornlaub aus.
ABGEBILDET S. 37, 58

Dryandra sp.
Dryandra
FARBEN Gelb, Grün
STANDORT Sonnig; keine besonderen Bodenansprüche; empfindlich
ERNTEZEIT Sommer
TROCKNUNG Hängend an der Luft
HÖHE 30–60 cm
VERWENDETE TEILE Blüten, Blätter
Die Blüten und Blätter der australischen Dryandra trocknen sehr leicht. Man kann das grüne Laub als Füllmaterial verwenden oder, vor allem in formlosen Arrangements, auch die distelähnlichen Blüten.

Dryopteris filix-mas
Wurmfarn
FARBE Grün
STANDORT Schattig; keine besonderen Bodenansprüche

ERNTEZEIT Sommer
TROCKNUNG Durch Pressen
HÖHE 60 cm
VERWENDETE TEILE Wedel
Die flachen Wedel lassen sich leicht pressen und wirken in Arrangements vollkommen natürlich.

Echinops ritro
Kugeldistel
FARBE Blau
STANDORT Sonnig; keine besonderen Bodenansprüche
ERNTEZEIT Sommer
TROCKNUNG Hängend an der Luft
HÖHE 60 cm
VERWENDETE TEILE Blütenköpfe
Kugeldisteln vorsichtig pflücken, bevor sich die Blüten öffnen, da sie andernfalls nach dem Trocknen zerfallen und die graublaue Farbe verblaßt. Durch ihre markante Kugelform bilden diese Disteln in allen Arrangements einen Blickfang.
ABGEBILDET S. 35, 54, 55, 58, 120

Elaeagnus pungens
Ölweide
FARBE Grün
STANDORT Schattig oder sonnig; keine besonderen Bodenansprüche
ERNTEZEIT Sommer
TROCKNUNG Durch Glyzerin
HÖHE 30 cm
VERWENDETE TEILE Zweige
Wie bei den meisten immergrünen Pflanzen können auch hier die Blätter mit Glyzerin konserviert werden, doch sind die Resultate farblich nicht so überzeugend. Dem Glyzerin deshalb grünes Färbemittel zusetzen, um die Farbe aufzufrischen.

Erica arborea
Baumheide
FARBE Weiß
STANDORT Hell; feuchter, kalkfreier, leichter Boden
PFLANZPLAN S. 131
ERNTEZEIT Frühjahr
TROCKNUNG Hängend an der Luft

HÖHE 30–60 cm
VERWENDETE TEILE Blüten
Pflücken, kurz bevor die Blüten herauskommen, und mit Haarspray besprühen, dann zum Trocknen aufhängen. Die hübschen, strukturierten rosaweißen Ähren mit ihren winzigen Blättern vorsichtig behandeln. Ungestört halten sie sich gut.
ABGEBILDET S. 35

Erodium cicutarium
Gemeiner Reiherschnabel
FARBEN Grün, Rosa
STANDORT Hell; keine besonderen Bodenansprüche
ERNTEZEIT Sommer
TROCKNUNG Durch Pressen
HÖHE 5 cm
VERWENDETE TEILE Blüten, Blätter
Sowohl Blätter als auch Blüten des Reiherschnabels lassen sich gut pressen. Zusammen mit anderen gepreßten Blumen in Blumenbildern verwenden.
ABGEBILDET S. 99

Eryngium sp.
Edeldistel
FARBE Blau
STANDORT Sonnig; keine besonderen Bodenansprüche
PFLANZPLAN S. 119
ERNTEZEIT Spätsommer
TROCKNUNG Hängend an der Luft
HÖHE 60 cm
VERWENDETE TEILE Distelköpfe, Blätter
Alle Eryngium-Arten haben wunderschöne graublaue Distelköpfe, die gut trocknen. Sie verleihen Arrangements einen duftigen Charakter; größere Arten sorgen für markante Formen.
ABGEBILDET S. 22

Eucalyptus sp.
Eukalyptus, Fieberbaum
FARBE Silber
STANDORT Geschützt und sonnig; keine besonderen Bodenansprüche
PFLANZPLAN S. 119
ERNTEZEIT Sommer
TROCKNUNG Hängend an der Luft oder durch Glyzerin

HÖHE 30–90 cm
VERWENDETE TEILE Zweige
Die silbrig-perlmuttfarbenen Blätter aller Eukalyptus-Arten können entweder an der Luft getrocknet oder mit Glyzerin konserviert werden. Für eine Glyzerinbehandlung eignen sie sich ausgezeichnet, denn sie bewahren ihre Farbe gut. Für herbstliche Töne kann Färbemittel zugesetzt werden.
ABGEBILDET S. 11, 34, 41, 62, 103

Fagus sylvatica und Sorte 'Cuprea'
Rotbuche
FARBEN Grün, Rost
STANDORT Hell; keine besonderen Bodenansprüche
ERNTEZEIT Sommer
TROCKNUNG Durch Pressen oder Glyzerin
HÖHE 30–60 cm
VERWENDETE TEILE Zweige
Gepreßt bewahren die Blätter der Rotbuche die Farbe ausgezeichnet. Im Sommer vollentwickelte Zweige pflücken, solange sie noch frisch aussehen, denn im Frühherbst werden sie matt. Blutbuche läßt sich gut mit Glyzerin konservieren. Buchenblätter sind für die meisten Blumen und Fruchtstände ein wunderbarer Hintergrund, insbesondere gepreßte hellgrüne Blätter.
ABGEBILDET S. 11, 37, 47, 103

Fatsia japonica
Zimmeraralie
FARBE Grün
STANDORT Halbschatten; keine besonderen Bodenansprüche
PFLANZPLAN S. 130
ERNTEZEIT Sommer
TROCKNUNG Durch Pressen oder Glyzerin
HÖHE 20 cm
VERWENDETE TEILE Einzelne Blätter
Besser ist es, die Blätter zu pressen, da sie mit Glyzerin behandelt ihre Farbe verlieren. Gepreßte Blätter sind etwas zu flach, um für Arrangements verwendet werden zu

können, aber sie lassen sich schön in Blumenbilder integrieren.
ABGEBILDET S. 103

Foeniculum vulgare
Fenchel
FARBE Grün
STANDORT Hell; keine besonderen Bodenansprüche
PFLANZPLAN S. 133
ERNTEZEIT Sommer
TROCKNUNG Hängend an der Luft
HÖHE 90 cm
VERWENDETE TEILE Fruchtstände
Die zarten Fruchtstände des Fenchels sehen getrocknet dem Dill sehr ähnlich und haben eine schwebende, filigrane Struktur.

Freesia x *kewensis*
Freesie
FARBEN Rot, Gelb, Rosa, Blau, Weiß
STANDORT Hell; durchlässiger Boden; empfindlich
ERNTEZEIT Sommer
TROCKNUNG Mit Trockenmittel
HÖHE 7,5 cm
VERWENDETE TEILE Blütenstände
Freesien sehen in einer Vase zusammen mit etwas zartem Grün, z.B. Callistemon oder einigen Farnwedeln, ganz entzückend aus.
ABGEBILDET S. 100

Genista siehe *Cytisus*

Gentiana sino-ornata
Herbstenzian
FARBE Blau
STANDORT Geschützt; durchlässiger, leichter, kalkfreier Boden
ERNTEZEIT Herbst
TROCKNUNG Durch Trockenmittel
HÖHE 5 cm (Blüte)
VERWENDETE TEILE Blüten
Das unglaubliche Blau der Blüten bleibt erhalten, wenn man sie mit Trockenmittel trocknet. Enzian allein kann man in einer flachen Schale arrangieren.

Gomphrena globosa
Kugelamarant
FARBEN Rosa, Weiß
STANDORT Sonnig; keine besonderen Bodenansprüche
ERNTEZEIT Sommer
TROCKNUNG Hängend an der Luft
HÖHE 30 cm
VERWENDETE TEILE Blütenstengel
Diese hübschen kleeähnlichen Blüten trocknen rasch und sehen in zwanglosen Arrangements besonders reizvoll aus.

Grevillea rosmarinifolius
Australische Silbereiche
FARBE Grün
STANDORT Vor einer sonnigen Wand; saurer Boden
ERNTEZEIT Sommer
TROCKNUNG Hängend an der Luft
HÖHE 45 cm
VERWENDETE TEILE Zweige
Die empfindliche australische Silbereiche blüht in unserem kälteren Klima nur selten, doch ihr zartes Laub ist getrocknet ebenfalls sehr nützlich.
ABGEBILDET S. 62, 63

Grimmia pulvinata
Grimmia-Moos
FARBE Grün
STANDORT Schattig; saurer Boden
ERNTEZEIT Sommer
TROCKNUNG In einem Korb oder einer Kiste an der Luft
HÖHE 3,5 cm
VERWENDETE TEILE Ganze Pflanze
Die leuchtendgrünen Mooskissen sind eine ideale Steckunterlage für Trockenblumen.
ABGEBILDET S. 25

Gypsophila paniculata
Schleierkraut
FARBE Weiß
STANDORT Sonnig; keine besonderen Bodenansprüche
PFLANZPLAN S. 125, 131
ERNTEZEIT Sommer
TROCKNUNG Aufrecht oder hängend an der Luft
HÖHE 30–60 cm

VERWENDETE TEILE Blütenzweige
Schleierkraut trocknet aufrecht stehend in etwas Wasser, das rasch verdunstet. Die wunderschönen duftigen weißen Blütchen sind hervorragendes Füllmaterial und sehen auch allein hübsch aus.
ABGEBILDET S. 33, 47, 127

Hedera helix
Gemeiner Efeu
FARBE Grün
STANDORT Hell; keine besonderen Bodenansprüche
PFLANZPLAN S. 113, 119, 130
TROCKNUNG Durch Pressen oder Glyzerin
HÖHE 22 cm
VERWENDETE TEILE Belaubte Triebe
Efeu läßt sich gut mit Glyzerin konservieren, dem etwas grüne Farbe zugesetzt werden sollte.
ABGEBILDET S. 103

Helichrysum angustifolium
Strohblume
FARBE Gelb
STANDORT Sonnig; keine besonderen Bodenansprüche
PFLANZPLAN S. 113, 125
ERNTEZEIT Sommer
TROCKNUNG Hängend an der Luft
HÖHE 22 cm
VERWENDETE TEILE Blüten
Dieser duftende Halbstrauch mit seinen silbrigen Blättern wird beim Trocknen zitronengelb. Er paßt ausgezeichnet in gemischte Gartenarrangements.
ABGEBILDET S. 29, 58, 114, 127, 128

Helichrysum bracteatum
Gartenstrohblume
FARBEN Rot, Rosa, Creme, Gelb, Weiß
STANDORT Sonnig; keine besonderen Bodenansprüche
PFLANZPLAN S. 113, 125
ERNTEZEIT Sommer
TROCKNUNG Hängend an der Luft
HÖHE 45 cm
VERWENDETE TEILE Blüten
Im Knospenstadium pflükken. Die Blüten öffnen sich,

wenn sie kopfüber zum Trocknen aufgehängt werden. Sie bewahren Form und Farbe ausgezeichnet und gehören zu den beliebtesten Trockenblumen. Die Stengel sind aber recht brüchig, und deshalb kann es sinnvoll sein, die Blüten vor dem Trocknen anzudrahten.
ABGEBILDET S. 13, 33, 58, 66, 79, 86, 115, 126

Helichrysum italicum
Italienische Immortelle
FARBE Gelb
STANDORT Sonnig; keine besonderen Bodenansprüche
ERNTEZEIT Sommer
TROCKNUNG Hängend an der Luft
HÖHE 30 cm
VERWENDETE TEILE Blüten
Diese Blume hat von allen Trockenblumen das kräftigste Gelb und wirkt ungewöhnlich frisch. Die Stengel sind recht schwach und müssen entweder durch Draht ersetzt oder im Gesteck von anderen Blumen gestützt werden.
ABGEBILDET S. 66, 79

Helipterum manglesii
Sonnenflügel
FARBEN Rosa, Weiß, Gelb
STANDORT Sonnig; keine besonderen Bodenansprüche
PFLANZPLAN S. 119, 125
ERNTEZEIT Sommer
TROCKNUNG Hängend an der Luft
HÖHE 30 cm
VERWENDETE TEILE Blüten
Diese zarten Korbblütler sehen wirklich frisch aus, insbesondere wenn sie büschelweise gebündelt werden. Sie sind außerordentlich vielseitig und wirken in großen oder in kleinen Arrangements, allein oder mit anderen Blumen zusammen.
ABGEBILDET S. 22, 38, 39, 58

Helleborus sp.
Nieswurz
FARBEN Rosa, Weiß, Grün
STANDORT Schattig; keine besonderen Bodenansprüche
PFLANZPLAN S. 130, 133
ERNTEZEIT Winter, Frühjahr

TROCKNUNG Mit Trockenmittel oder Glyzerin
HÖHE 15 cm
VERWENDETE TEILE Blüten, Blätter

Die hübschen Helleborusblüten reichen vom reinen Weiß des *H. niger* bis zu den grünen, rosa und lila Tönen von *H. orientalis*. Sie lassen sich gut mit Trockenmittel konservieren und können auch gepreßt werden. Die Blätter pressen oder mit Glyzerin konservieren.
ABGEBILDET S. 7

Heracleum mantegazzianum
Herkuleskraut
FARBE Braun
STANDORT Hell; keine besonderen Bodenansprüche
PFLANZPLAN S. 133
ERNTEZEIT Herbst
TROCKNUNG Aufrecht in der Luft
HÖHE 1,80 m
VERWENDETE TEILE Fruchtstände

Die riesigen Stengel des Herkuleskrauts, auf das manche Menschen allergisch reagieren, trocknen an der Pflanze. Sie sind so kräftig, daß auch schlechtes Wetter ihnen gewöhnlich keinen Schaden zufügt. In einer Bodenvase bilden sie einen dramatischen Blickfang. Für Weihnachtsdekorationen können die Fruchtstände silbern oder golden angesprüht oder mit Glimmer bestreut werden.

Hosta sp.
Funkie
FARBE Grün
STANDORT Schattig; feuchter, durchlässiger Boden
PFLANZPLAN S. 130
ERNTEZEIT Sommer
TROCKNUNG Durch Pressen oder Glyzerin
HÖHE Bis 45 cm
VERWENDETE TEILE Blätter, Fruchtstände

Die charakteristischen Blätter der Funkie sind ihr dekorativster Teil, obgleich sie auch hübsche weiße oder fliederfarbene Blüten hat, denen interessante Fruchtstände folgen. Die gepreßten Blätter sorgen in Gestecken für markante Formen. Das mit Glyzerin konservierte Laub ist ein schöner Hintergrund für zarteres, glyzerinbehandeltes Material, z. B. Eukalyptus.
ABGEBILDET S. 7

Humulus lupulus
Hopfen
FARBE Hellgrün
STANDORT Sonnig; keine besonderen Bodenansprüche
ERNTEZEIT Frühherbst
TROCKNUNG Hängend an der Luft
HÖHE Bis 3 m
VERWENDETE TEILE Fruchtzapfen

Zeitig pflücken, bevor die Fruchtzapfen reifen, sonst zerfallen sie beim Trocknen. Getrocknet verliert der Hopfen leicht seine Farbe.
ABGEBILDET S. 34

Hydrangea sp.
Hortensie
FARBEN Rosa, Rost, Lila, Blau, Grün, Weiß
STANDORT Halbschattig; feuchter, durchlässiger Boden
PFLANZPLAN S. 119, 130
ERNTEZEIT Herbst
TROCKNUNG Hängend oder aufrecht an der Luft, durch Pressen oder Glyzerin
HÖHE 22 cm und mehr
VERWENDETE TEILE Blütenstände

Hortensien sind nicht einfach zu trocknen. Sie müssen gepflückt werden, sobald sich die eigentlichen kleinen Blüten in der Mitte der Scheinblüten zu öffnen beginnen. Oft trocknen sie am besten in einer Schale mit etwas Wasser, das bald verdunstet. Man kann ganze Blütenstände oder Einzelblüten verwenden.
ABGEBILDET S. 11, 23, 58, 66, 67, 98, 99, 101, 103, 120, 121

Ilex sp.
Stechpalme
FARBE Grün
STANDORT Hell; keine besonderen Bodenansprüche
ERNTEZEIT Sommer

TROCKNUNG Mit Glyzerin
HÖHE 30–60 cm (Zweige)
VERWENDETE TEILE Zweige mit Blättern

Die robusten, stacheligen Ilex-Blätter wirken interessant, aber nach einer Glyzerinbehandlung wird ihre Farbe sehr dunkel.
ABGEBILDET S. 103

Iris foetidissima
Schwertlilie
FARBE Rot
STANDORT Hell; keine besonderen Bodenansprüche
PFLANZPLAN S. 133
ERNTEZEIT Herbst
TROCKNUNG Aufrecht an der Luft
HÖHE 45 cm
VERWENDETE TEILE Früchte

Die prächtigen Fruchtkapseln dieser Irisart platzen im Herbst auf und zeigen viele leuchtendorange Samen. Man kann die Schwertlilie frisch pflücken und einfach am vorgesehenen Platz trocknen lassen.

Icodia achilleoides
Ixodia
FARBE Weiß
STANDORT Sonnig; keine besonderen Bodenansprüche
ERNTEZEIT Sommer
HÖHE 30 cm
VERWENDETE TEILE Blütenstengel

Die cremeweißen, kleinen, wachsartigen Korbblüten sind ungewöhnlich hübsch und wirken auch getrocknet sehr frisch. Sie passen gut zu allen Bauernblumen.
ABGEBILDET S. 47

Kochia sp.
Besenkraut
FARBE Silber
STANDORT Sonnig; keine besonderen Bodenansprüche
TROCKNUNG Hängend an der Luft
HÖHE 30–45 cm
VERWENDETE TEILE Belaubte Zweige

Die kleinen silbrigen, sukkulenten Blätter des Besenkrauts trocknen leicht. Das Laub ist ein wunderbarer Hintergrund besonders für pastellfarbene Blüten.
ABGEBILDET S. 11, 41, 62, 120

Lachenalia aloides
Lachenalie
FARBE Orange
STANDORT Hell; keine besonderen Bodenansprüche; empfindlich
ERNTEZEIT Winter
TROCKNUNG Durch Pressen
HÖHE 15 cm
VERWENDETE TEILE Blütenstengel

Die dekorativen Glockenblüten an ihren gefleckten Stengeln sehen in Bildern aus gepreßten Blüten hübsch aus.
ABGEBILDET S. 99

Lavandula spica
Lavendel
FARBEN Blau, Mauve
STANDORT Sonnig; keine besonderen Bodenansprüche
PFLANZPLAN S. 119
ERNTEZEIT Sommer
TROCKNUNG Hängend an der Luft
HÖHE 30 cm
VERWENDETE TEILE Blütenstengel

Es ist sehr wichtig, beim Pflücken genau den Augenblick abzupassen, in dem sich die Knospen zu öffnen beginnen. Erntet man später, fallen die Blüten einfach ab. Am besten wird der Lavendel rasch an einem warmen Platz getrocknet. Er bewahrt viele Monate seinen wunderbaren Duft und sieht mit anderen Blumen gemischt oder für sich allein gleichermaßen hübsch aus.
ABGEBILDET S. 43, 121, 122

Leptospermum sp.
Leptospermum
FARBE Rot
STANDORT Sonnig; keine besonderen Bodenansprüche
ERNTEZEIT Sommer
TROCKNUNG Aufrecht an der Luft
HÖHE 30 cm
VERWENDETE TEILE Blätter, Blütenzweige

An den holzigen Stengeln des Leptospermum sitzen silb-

rige, filzige Blätter und ein Büschel aus strohblumenähnlichen, leuchtendroten Blüten, die außerordentlich dekorativ sind. Sie harmonieren sehr gut mit blaßrosa Blüten, z. B. von Helipterum und Helichrysum.
ABGEBILDET S. 12, 33

Leucadendron rubrum
Leucodendron
FARBEN Braun, Grün, Creme
STANDORT Sonnig; keine besonderen Bodenansprüche; empfindlich
ERNTEZEIT Sommer
TROCKNUNG Hängend oder aufrecht an der Luft
HÖHE 30 cm
VERWENDETE TEILE Blätter, Fruchtstände
Die holzigen, zapfenartigen Fruchtstände sitzen oft an Zweigen mit blassen silbriggrünen Blättern. Sie sehen wie Blüten aus und haben eine markante Form, die in herbstlichen Arrangements gut zur Geltung kommt.
ABGEBILDET S. 26

Liatris callilepis
Prachtscharte
FARBEN Purpur, Weiß
STANDORT Hell; keine besonderen Bodenansprüche
ERNTEZEIT Sommer
TROCKNUNG Hängend an der Luft
HÖHE 45 cm
VERWENDETE TEILE Blütenstengel
An den langen Blütenschäften sitzen die Blütchen dicht an dicht. Purpur ist als Farbe nicht einfach zu verwenden, und die weißen Sorten werden beim Trocknen leicht grau.

Lilium sp.
Lilie
FARBEN Weiß, Rosa, Orange, Gelb
STANDORT Sonnig oder halbschattig; durchlässiger, fruchtbarer Boden
ERNTEZEIT Sommer, Herbst
TROCKNUNG Durch Trockenmittel oder Pressen
HÖHE 20 cm (Blüten)

VERWENDETE TEILE Blüten
Die wunderschönen Blüten lassen sich gut mit Trockenmittel behandeln und für stilvolle Arrangements verwenden. *L. aurantum* und *L. speciosum* sehen besonders prächtig aus.
ABGEBILDET S. 60, 101

Lunaria rediviva
Silberblatt
FARBE Silber
STANDORT Hell; keine besonderen Bodenansprüche
ERNTEZEIT Herbst
TROCKNUNG Aufrecht an der Luft
HÖHE 60 cm
VERWENDETE TEILE Samenschoten
Die Samenschoten des Silberblatts können in ihrer ursprünglichen rosa-grünen Form verwendet werden, oder man entfernt die Oberhaut, so daß die silbernen Blätter sichtbar werden, auf denen die Samen sitzen. Diese Blätter sehen wie Perlmutt aus und wirken allein oder zusammen mit anderen Trockenblumen jeglicher Farbe sehr dekorativ.

Limonium sinuatum
Buchtiger Meerlavendel
FARBEN Purpur, Blau, Weiß, Gelb, Rosa, Orange
STANDORT Sonnig; keine besonderen Bodenansprüche
ERNTEZEIT Sommer
TROCKNUNG Hängend an der Luft
HÖHE 45 cm
VERWENDETE TEILE Blütenstengel
Eine sehr beliebte Trockenblume, die in einer breiten Farbpalette angeboten wird. Samen sind nach Farben sortiert im Handel erhältlich. Die dreieckige Form der Blütenköpfe verleiht Gestecken ein charakteristisches Aussehen.
ABGEBILDET S. 23, 47, 53, 68, 114

Limonium suworowii
Meerlavendel
FARBE Rosa

STANDORT Sonnig; keine besonderen Bodenansprüche
ERNTEZEIT Sommer
TROCKNUNG Hängend an der Luft
HÖHE 45 cm
VERWENDETE TEILE Blütenstengel
Die langen rosa Blütenähren haben eine bemerkenswerte Form, wirken aber sehr zart. Vorsicht beim Arrangieren, denn die getrockneten Stengel brechen leicht.
ABGEBILDET S. 12

Lunaria redivia
Silberblatt
FARBE Silber
STANDORT Hell; keine besonderen Bodenansprüche
ERNTEZEIT Herbst
TROCKNUNG Aufrecht an der Luft
HÖHE 60 cm
VERWENDETE TEILE Samenschoten
Die Samenschoten des Silberblatts können in ihrer ursprünglichen rosa-grünen Form verwendet werden, oder man entfernt die Oberhaut, so daß die silbernen Blätter sichtbar werden, auf denen die Samen sitzen. Diese Blätter sehen wie Perlmutt aus und wirken allein oder zusammen mit anderen Trockenblumen jeglicher Farbe sehr dekorativ.

Magnolia sp.
Magnolie
FARBEN Rosa, Weiß, Grün
STANDORT Hell; durchlässiger Boden
ERNTEZEIT Frühjahr und Sommer
TROCKNUNG Mit Trockenmittel oder Glyzerin
HÖHE Bis 20 cm (Blüten)
VERWENDETE TEILE Blüten, Blätter
Die großartigen Magnolienblüten können mit Trockenmittel getrocknet werden. Die glänzenden Blätter der immergrünen *M. grandiflora* lassen sich mit Glyzerin konservieren, werden aber fast schwarz, wenn keine Farbe zugegeben wird.

Mahonia japonica
Mahonie
FARBE Grün
STANDORT Schattig; keine besonderen Bodenansprüche
ERNTEZEIT Sommer
TROCKNUNG Mit Glyzerin
HÖHE 45 cm
VERWENDETE TEILE Zweige
Die dekorativen, geometrisch geformten Mahonienblätter sind recht stachelig, lassen sich aber nach einer Behandlung mit Glyzerin leicht verarbeiten. Sie eignen sich als Hintergrund für runderes, weicheres Material.
ABGEBILDET S. 7

Malus sylvestris
Apfel
FARBE Braun
STANDORT Sonnig; keine besonderen Bodenansprüche
ERNTEZEIT Winter
TROCKNUNG Am vorgesehenen Platz an der Luft
HÖHE 60 cm
VERWENDETE TEILE Zweige
Die Zweige dieses sommergrünen Baumes während des Winters schneiden und trocknen. Apfelbäume haben interessant geformte Zweige.
ABGEBILDET S. 57

Matteucia struthiopteris
(*Struthiopteris germanica*)
Straußfarn
FARBE Grün
STANDORT Schattig; feuchter, aber durchlässiger Boden
PFLANZPLAN S. 131
ERNTEZEIT Sommer
TROCKNUNG Durch Pressen
HÖHE 1 m
VERWENDETE TEILE Ganze Wedel
Die Wedel dieses wunderschönen Farns lassen sich leicht zwischen Zeitungspapier unter einem Teppich trocknen und wie frischer Farn verarbeiten.

Miscanthus sinensis
Chinaschilf
FARBE Braun
STANDORT Sonnig; keine besonderen Bodensprüche
PFLANZPLAN S. 133
ERNTEZEIT Herbst

TROCKNUNG Hängend oder aufrecht an der Luft
HÖHE 1,5 m
VERWENDETE TEILE Blätter, Ähren
Die blaugrünen Blätter und silbrigen Ähren werden beim Trocknen beigebraun, sehen aber wunderschön aus, wenn sie aus großen Arrangements herausragen.

Moluccella laevis
Muschelblume
FARBE Creme
STANDORT Sonnig; fruchtbarer Boden
PFLANZPLAN S. 131
ERNTEZEIT Sommer
TROCKNUNG Durch Glyzerin
HÖHE 60 cm
VERWENDETE TEILE Blütenstengel
Interessant wirkt die Muschelblume durch die Kelche, in denen die süßduftenden, aber unscheinbaren Blüten sitzen.

Man erntet die Blumen, sobald sich die ersten Blüten öffnen, und konserviert sie mit Glyzerin. Sie färben sich dann blaßgelb.
ABGEBILDET S. 11, 102

Narcissus sp.
Narzisse
FARBEN Gelb, Weiß
STANDORT Hell; keine besonderen Bodenansprüche
PFLANZPLAN S. 133
ERNTEZEIT Frühjahr
TROCKNUNG Durch Trockenmittel oder Kandieren
HÖHE 1–8 cm (Blüten)
VERWENDETE TEILE Blüten
Die Blüten der meisten Zwiebelblumen lassen sich mit Trockenmittel trocknen. Narzissen eignen sich besonders gut. Am besten kommen sie allein oder zusammen mit anderen Frühlingsblumen zur Geltung.
ABGEBILDET S. 101, 104, 105

Nigella damascena
Jungfer im Grünen
FARBEN Blau, Grün
STANDORT Sonnig; keine besonderen Bodenansprüche
PFLANZPLAN S. 125

ERNTEZEIT Sommer, Frühherbst
TROCKNUNG Hängend an der Luft
HÖHE 45 cm
VERWENDETE TEILE Kapselfrüchte, Blüten
Die beinahe runden Früchte der Nigella sind ungewöhnlich hübsch und leicht zu trocknen. Auch die blaßblauen Blüten können getrocknet werden, doch damit sie eine schöne Farbe behalten, muß man sie wie Kornblumen an einen warmen, trockenen Platz bringen.
ABGEBILDET S. 43, 47, 127

Origanum dicatmnus
Majoran
FARBE Rost
STANDORT Sonnig; keine besonderen Bodenansprüche
ERNTEZEIT Sommer
TROCKNUNG Hängend an der Luft
HÖHE 22 cm
VERWENDETE TEILE Blütenstengel
Diese Pflanze sieht nicht nur hübsch aus, sondern verströmt auch einen angenehmen Duft.
ABGEBILDET S. 13, 34

Osmunda regalis
Königsfarn
FARBE Grün
STANDORT Schattig; feuchter Boden
ERNTEZEIT Sommer
TROCKNUNG Durch Pressen
HÖHE 1,20 m
VERWENDETE TEILE Wedel
Die riesigen blaßgrünen Wedel dieses Farns können als Ganzes in großen Arrangements verwendet oder in kleine Fieder zerlegt werden. Dies ist einer der vielseitigen Farne, der aber leider nicht immergrün ist.
ABGEBILDET S. 11, 59

Paeonia lactifolia
Chinesische Päonie
FARBEN Rosa, Weiß, Creme, Rot
STANDORT Sonnig; durchlässiger Boden
ERNTEZEIT Sommer

TROCKNUNG Durch Trockenmittel oder an der Luft hängend
HÖHE 45 cm (Blütenstengel)
VERWENDETE TEILE Blüten
Wenn die herrlichen Blüten mit Trockenmittel getrocknet werden, unterscheiden sie sich kaum von frischen. Gefüllte Sorten lassen sich auch an der Luft trocknen. Man hängt sie auf, wenn sich die Knospen zu öffnen beginnen. Sie sehen in allen Arrangements wunderschön aus und verkünden den Beginn des Sommers.
ABGEBILDET S. 59, 101, 120, 121

Papaver rhoeas
Klatschmohn
FARBEN Grau, Grün
STANDORT Sonnig; stellt keine besonderen Bodenansprüche
PFLANZPLAN S. 133
ERNTEZEIT Sommer
TROCKNUNG Hängend oder aufrecht an der Luft
HÖHE 60 cm
VERWENDETE TEILE Samenkapseln
Ihre markante Form macht die Mohnkapseln zu einem beliebten Material für Trockensträuße. Für Weihnachtsdekorationen kann man sie rot, grün, silbern oder golden besprühen.
ABGEBILDET S. 41, 43

Phaenocoma prolifera
Phaenocoma
FARBE Rosa
STANDORT Sonnig; keine besonderen Bodenansprüche
ERNTEZEIT Sommer
TROCKNUNG Hängend an der Luft
HÖHE 30 cm
VERWENDETE TEILE Blütenzweige
Diese Blüten haben ein besonders lebendiges Rosa, das noch kräftiger als das von Helipterum und Helichrysum ist, denen sie ähneln. Sie heben sich hübsch vor dem Hintergrund der winzigen silbergrauen Blätter ab.
ABGEBILDET S. 47, 66

Phlomis fruticosa
Brandkraut
FARBEN Gelb, Grau
STANDORT Sonnig; stellt keine besonderen Bodenansprüche
ERNTEZEIT Sommer
TROCKNUNG Hängend an der Luft
HÖHE 45 cm
VERWENDETE TEILE Blätter, Blüten, Fruchtstände
Brandkraut entweder pflükken, wenn sich die gelben Blüten zu öffnen beginnen und dann Blüten und Blätter trocknen, oder warten, bis sich die Samen entwickeln und die Fruchtstände zusammen mit den Blättern trocknen. In beiden Fällen ist das Brandkraut mit seinem typisch mediterranen Aussehen sehr dekorativ.

Physalis alkekengi
Lampionblume
FARBE Orange
STANDORT Sonnig; keine besonderen Bodenansprüche
ERNTEZEIT Herbst
TROCKNUNG Hängend an der Luft
HÖHE 60 cm
VERWENDETE TEILE Früchte
Die kleinen Früchte der Physalis werden von einem papierartigen Blütenkelch umschlossen, der an eine leuchtendrote Laterne erinnert. Die großartige Farbe heitert selbst die tristesten Ecken im Zimmer auf.
ABGEBILDET S. 65, 85

Picea pungens glauca
Blaufichte
FARBE Silber
STANDORT Hell; saurer Boden
ERNTEZEIT Ganzjährig
TROCKNUNG Am vorgesehenen Platz an der Luft
HÖHE 15 cm
VERWENDETE TEILE Zweige
Die Blaufichte ist für Weihnachtsdekorationen sehr nützlich und sieht getrocknet fast genauso aus wie frisch. Natürlich kann man sie auch zu anderen Jahreszeiten verwenden.
ABGEBILDET S. 85, 86

Pinus sylvestris
Gemeine Kiefer, Föhre
FARBE Grün
STANDORT Hell; saurer Boden
ERNTEZEIT Ganzjährig
TROCKNUNG Aufrecht an der Luft
HÖHE 60 cm
VERWENDETE TEILE Zweige
Die Kiefer trocknet gut, bewahrt ihre Farbe und nadelt nur wenig.
ABGEBILDET S. 87

Pithocarpa corymbulosa
Miniatur-Strohblume
FARBE Weiß
STANDORT Sonnig; keine besonderen Bodenansprüche
ERNTEZEIT Sommer
TROCKNUNG Hängend an der Luft
HÖHE 45 cm
VERWENDETE TEILE Blütenstengel
Die kleinen weißen Korbblüten sind beinahe so zart wie die des Schleierkrauts, doch ist die Form charakteristischer. Sehr hübsch und ideal für frische, duftige Arrangements.
ABGEBILDET S. 79

Polygonatum multiflorum
Vielblütige Weißwurz
FARBE Weiß
STANDORT Schattig; stellt keine besonderen Bodenansprüche
PFLANZPLAN S. 133
ERNTEZEIT Frühjahr
TROCKNUNG Durch Trockenmittel oder Glyzerin
HÖHE 45 cm
VERWENDETE TEILE Blütenstengel
Sowohl die nickenden weißen Blüten als auch die blaßgrünen Blätter lassen sich mit Trockenmittel oder Glyzerin konservieren. Die anmutigen, gebogenen Stengel wirken zusammen mit anderen schattenliebenden Pflanzen wie Farn, Funkie und Christrose besonders hübsch.

Polystichum setiferum plumoso-divisilobum
Schildfarn
FARBE Grün

STANDORT Schattig; feuchter Boden
ERNTEZEIT Sommer
TROCKNUNG Durch Pressen
HÖHE 45 cm
VERWENDETE TEILE Wedel
Dieser immergrüne Farn hat filigrane, feingeteilte Wedel. Sie sind sehr reizvoll und harmonieren mit allen anderen Trockenblumen.

Primula vulgaris
Kissenprimel
FARBEN Gelb, Weiß, Rosa
STANDORT Hell; feuchter Boden
PFLANZPLAN S. 133
ERNTEZEIT Frühjahr
TROCKNUNG Durch Trockenmittel, Pressen oder Kandieren
HÖHE 5 cm
VERWENDETE TEILE Blüten
Die winzigen, zarten Primelblüten können ebenso gut mit Trockenmittel behandelt wie gepreßt oder kandiert werden. Im letzteren Fall kann man sie auch essen.
ABGEBILDET S. 104, 105

Protea sp.
Protea, Schimmerbaum
FARBEN Rosa, Braun
STANDORT Sonnig; keine besonderen Bodenansprüche; empfindlich
ERNTEZEIT Sommer
TROCKNUNG Hängend an der Luft
HÖHE 30 cm und mehr
VERWENDETE TEILE Blüten
Proteen müssen gepflückt werden, sobald sich die Knospen zu öffnen beginnen. Zum Trocknen aufhängen. Die Blüten öffnen sich dann weiter und sehen getrocknet großartig aus.
ABGEBILDET S. 109

Prunus sp.
Mandel, Pfirsich, Nektarine, Kirsche
FARBEN Rosa, Weiß
STANDORT Sonnig; keine besonderen Bodenansprüche
PFLANZPLAN S. 133
ERNTEZEIT Frühjahr
TROCKNUNG Durch Kandieren
HÖHE 12 mm (Blüte)

VERWENDETE TEILE Einzelblüten
Die Blüten von Mandel, Pfirsich, Nektarine und Kirsche schmecken kandiert einfach köstlich.
ABGEBILDET S. 104, 105

Pulmonaria saccharata
Lungenkraut
FARBEN Rosa, Blau
STANDORT Schattig; stellt keine besonderen Bodenansprüche
ERNTEZEIT Frühjahr
TROCKNUNG Durch Kandieren
HÖHE 2,5 cm (Blüten)
VERWENDETE TEILE Blütenstengel
Diese anmutigen Pflanzen mit ihren gefleckten Blättern blühen zu Frühjahrsbeginn. Die kandierten Blüten sind eine hübsche Tortendekoration.
ABGEBILDET S. 104

Quercus palustris
Sumpfeiche
FARBEN Grün, Rost
STANDORT Hell; keine besonderen Bodenansprüche
ERNTEZEIT Sommer, Herbst
TROCKNUNG Pressen
HÖHE 60 cm (Zweige)
VERWENDETE TEILE Zweige
Alle Eichenblätter können zum Pressen unter einen Teppich gelegt werden. Man kann sie grün im Sommer schneiden oder wenn sie sich im Herbst zu verfärben beginnen.
ABGEBILDET S. 32

Ranunculus asiaticus
Ranunkel
FARBEN Gelb, Rot, Rosa, Weiß, Orange
STANDORT Sonnig; feuchter Boden
ERNTEZEIT Frühsommer
TROCKNUNG Durch Trockenmittel oder an der Luft hängend
HÖHE 30 cm
VERWENDETE TEILE Blüten
Diese Verwandte der Butterblume, die ebenfalls getrocknet werden kann, sieht wie eine winzige Päonie aus. Ihre bunten Farben geben zwang-

losen Gestecken einen reizvollen Charakter.
ABGEBILDET S. 101

Rosa sp.
Rose
FARBEN Rot, Rosa, Gelb, Creme, Orange, Weiß, Lila
STANDORT Sonnig; durchlässiger Boden
PFLANZPLAN S. 113, 119, 125, 130, 131
ERNTEZEIT Sommer
TROCKNUNG Hängend an der Luft oder durch Trockenmittel
HÖHE 15–45 cm
VERWENDETE TEILE Blüten
Die bekannteste und beliebteste aller Blumen. Teehybriden trocknen gut an der Luft, wenn man sie an einen kühlen, dunklen und trockenen Platz hängt. Einfach blühende Rosen und gefüllte ältere Typen werden am besten mit Trockenmittel behandelt.
ABGEBILDET S. 10, 12, 17, 29, 50, 51, 53, 58, 60, 66, 73, 97, 101, 105, 115, 121, 126

Rumex obtusifolius
Stumpfblättriger Ampfer
FARBE Rost
STANDORT Hell; keine besonderen Bodenansprüche
ERNTEZEIT Sommer
TROCKNUNG Aufrecht an der Luft
HÖHE 1,20 m
VERWENDETE TEILE Fruchtstände
Ampfer erhält beim Trocknen eine tiefe rostgrüne Färbung. Für große Gestecke ganze Stengel verwenden, für kleine die Fruchtstände teilen.
ABGEBILDET S. 97

Salvia sp.
Salbei
FARBEN Purpur, Rosa
STANDORT Sonnig; keine besonderen Bodenansprüche
ERNTEZEIT Sommer
TROCKNUNG Hängend an der Luft
HÖHE 30 cm
VERWENDETE TEILE Blüten, Brakteen, Blätter
Viele Salbei-Sorten, z. B. 'Clary', trocknen gut. *Salvia*

farinacea sieht getrocknet wie sattfarbener Lavendel aus.
ABGEBILDET S. 47

Santolina sp.
Heiligenkraut
FARBEN Silber, Gelb
STANDORT Sonnig; stellt keine besonderen Bodenansprüche
PFLANZPLAN S. 131
ERNTEZEIT Sommer
TROCKNUNG Hängend an der Luft
HÖHE 30 cm
VERWENDETE TEILE Blätter, Blütenstengel
Blüten und silbrige Blätter der Santolina lassen sich gut trocknen. Besonders geeignet ist *S. neapolitana*. Das Laub verleiht jedem Trockenarrangement einen angenehmen Duft.
ABGEBILDET S. 62, 63

Scabiosa atropurpurea
Purpurskabiose
FARBEN Blau, Purpur, Weiß
STANDORT Sonnig; stellt keine besonderen Bodenansprüche
PFLANZPLAN S. 133
ERNTEZEIT Sommer, Herbst
TROCKNUNG Hängend an der Luft
HÖHE 30 cm
VERWENDETE TEILE Blüten
Obgleich die Blüten beim Trocknen erheblich schrumpfen, haben sie reizvoll gedämpfte Farben.
ABGEBILDET S. 13

Scilla sibirica
Blausternchen
FARBE Blau
STANDORT Sonnig; stellt keine besonderen Bodenansprüche
ERNTEZEIT Frühjahr
TROCKNUNG Durch Trockenmittel oder Kandieren
HÖHE 10 cm
VERWENDETE TEILE Blüten
Die kleinen Blausternchen haben eine hübsche blaue Farbe. Man kann sie mit Trockenmittel trocknen oder kandiert als Kuchendekoration verwenden.
ABGEBILDET S. 105

Sedum spectabile
Fetthenne
FARBE Rosa
STANDORT Sonnig; durchlässiger Boden
PFLANZPLAN S. 131
ERNTEZEIT Herbst
TROCKNUNG Hängend an der Luft
HÖHE 30 cm
VERWENDETE TEILE Blüten
Die runden rosa Blüten der Fetthenne können getrocknet werden, obwohl es lange dauert, bis in den fleischigen Stengeln keine Feuchtigkeit mehr ist. Falls sie zu braun werden, kann man ihre natürliche rosa Färbung mit Farbspray etwas auffrischen.

Selanginella sp.
Mooskraut
FARBE Grün
STANDORT Hell; feuchter Boden
ERNTEZEIT Ganzjährig
TROCKNUNG An der Luft oder mit Glyzerin
HÖHE 5 cm
VERWENDETE TEILE Ganze Pflanze
Diese Pflanze kann gut mit Glyzerin konserviert werden, der man etwas grüne Farbe zusetzt. Dadurch bleibt das natürliche leuchtende Grün beinahe vollständig erhalten. Mooskraut kann als Untergrund dienen oder in Kissen wie Laub verwendet werden.
ABGEBILDET S. 102

Senecio greyi
Kreuzkraut
FARBE Silber
STANDORT Hell; keine besonderen Bodenansprüche
PFLANZPLAN S. 119
ERNTEZEIT Sommer
TROCKNUNG Hängend an der Luft oder durch Pressen
HÖHE 30 cm
VERWENDETE TEILE Blätter, Blütenknospen
Senecio greyi sollte rechtzeitig gepflückt werden, bevor sich die gelben Blüten öffnen, da gerade die Blätter und Knospen getrocknet sehr dekorativ aussehen.

ABGEBILDET S. 16, 38, 39, 58, 98, 120

Silene pendula
Hängendes Leimkraut
FARBE Rosa
STANDORT Sonnig; keine besonderen Bodenansprüche
ERNTEZEIT Sommer
TROCKNUNG Hängend an der Luft
HÖHE 30 cm
VERWENDETE TEILE Blüten
Die zarten, kleinen blaßrosa Blüten des Leimkrauts wirken auch getrocknet sehr frisch.
ABGEBILDET S. 12, 50, 51, 79

Solidago canadensis
Goldrute
FARBEN Gelb, Grün
STANDORT Hell; keine besonderen Bodenansprüche
PFLANZPLAN S. 131
ERNTEZEIT Herbst
TROCKNUNG Hängend an der Luft
HÖHE 0,60–1 m
VERWENDETE TEILE Blütenstand
Die vielen Formen der Goldrute trocknen alle gut, sehen aber recht unterschiedlich aus. Bei manchen stehen die fedrigen Blüten dicht, bei anderen in lockereren Büscheln. Man kann sie auch grün trocknen, bevor sich die Knospen öffnen.
ABGEBILDET S. 25, 97, 115, 117

Sphagnum sp.
Sphagnum-Moos
FARBE Grün
STANDORT Hell; feuchter, saurer Boden
ERNTEZEIT Ganzjährig
TROCKNUNG An der Luft
HÖHE 7,5 cm
VERWENDETE TEILE Ganze Pflanze
Als Grundlage für viele Arrangements unverzichtbar.
ABGEBILDET S. 58

Stachys lanata
Wollziest
FARBE Silber
STANDORT Sonnig; keine besonderen Bodenansprüche
PFLANZPLAN S. 119

TROCKNUNG Hängend an der Luft oder durch Pressen
HÖHE 22 cm
VERWENDETE TEILE Knospige Blütenzweige, Blätter
Die wolligen silbernen Knospen haben eine sehr markante Form.
ABGEBILDET S. 98, 99, 121, 123

Taxus baccata
Eibe
FARBE Grün
STANDORT Hell; stellt keine besonderen Bodenansprüche
ERNTEZEIT Ganzjährig
TROCKNUNG Hängend oder aufrecht an der Luft
HÖHE 15–60 cm (Zweige)
VERWENDETE TEILE Zweige
Die Eibe trocknet gut, ohne die Nadeln abzuwerfen. Besonders für Weihnachtsdekorationen geeignet.

Tilia cordata
Winterlinde
FARBEN Grün, Rost
STANDORT Hell; keine besonderen Bodenansprüche
ERNTEZEIT Sommer
TROCKNUNG An der Luft oder mit Glyzerin
HÖHE 30 cm
VERWENDETE TEILE Früchte
Die Früchte bekommen durch Zusatz von rostfarbenem Färbemittel zur Glyzerinlösung eine schöne herbstliche Farbe.
ABGEBILDET S. 102

Tillandsia sp.
Tillandsie
FARBE Grau
STANDORT Wächst epiphytisch; empfindlich
ERNTEZEIT Ganzjährig
TROCKNUNG Hängend an der Luft
HÖHE 20 cm
VERWENDETE TEILE Büschel
Diese ungewöhnliche Pflanze sieht wie dichtes graues Heu aus. Sie eignet sich als Randschmuck für Sträußchen und Blumengirlanden, aber auch zum Verkleiden von Steckunterlagen.
ABGEBILDET S. 17, 33

Tulipa sp.
Tulpe
FARBEN Rot, Gelb, Rosa, Weiß, Violett
STANDORT Sonnig; keine besonderen Bodenansprüche
ERNTEZEIT Frühjahr
TROCKNUNG Mit Trockenmittel
HÖHE 7,5–10 cm (Blüten)
VERWENDETE TEILE Blüten
Alle Tulpen – ob einfach, gefüllt oder gefiedert – lassen sich ausgezeichnet mit Trockenmittel behandeln und sehen in Arrangements sehr wirkungsvoll aus.
ABGEBILDET S. 101

Typha angustifolia
Schmalblättriger Rohrkolben
FARBE Braun
STANDORT Naß; fruchtbarer Schlamm
PFLANZPLAN S. 133
ERNTEZEIT Herbst
TROCKNUNG Aufrecht an der Luft
HÖHE 1–1,2 m
VERWENDETE TEILE Kolben
Rohrkolben werden gepflückt, sobald sich die Samen braun färben, und rechtzeitig genug, bevor die Kolben auseinanderfallen und die Samen ausstreuen. Die Kolben sicherheitshalber mit Lack besprühen.
ABGEBILDET S. 11

Verticordia brownii 'Morrison'
Verticordia
FARBE Creme
STANDORT Sonnig; keine besonderen Bodenansprüche
ERNTEZEIT Sommer
TROCKNUNG Hängend an der Luft
HÖHE 45 cm
VERWENDETE TEILE Blütenstände
Die markanten, langen flachen Blüten trocknen leicht und verleihen Arrangements eine interessante Struktur.
ABGEBILDET S. 41

Viola sp.
Veilchen, Stiefmütterchen
FARBE Violett

STANDORT Hell; feuchter Boden
PFLANZPLAN S. 133
ERNTEZEIT Frühjahr
TROCKNUNG Durch Pressen oder Kandieren
HÖHE 5 cm
VERWENDETE TEILE Blüten
Die Blüten des duftenden Veilchens schmecken köstlich, wenn man sie mit Gummiarabikum oder Eiweiß kandiert.
ABGEBILDET S. 98, 99

Vitis sp.
Weinrebe
FARBE Braun
STANDORT Hell; durchlässiger Boden
ERNTEZEIT Winter
TROCKNUNG Aufrecht an der Luft
HÖHE 1,2 m
VERWENDETE TEILE Triebe
Ranken von etwa 1,2 m Länge können zusammengedreht und zu einem rustikalen Kranz verschlungen werden. Den Kranz formen, bevor die holzigen Stengel trocknen, weil sie sonst brechen.

Xeranthemum sp.
Papierblume
FARBEN Lila, Weiß
STANDORT Sonnig; keine besonderen Bodenansprüche
ERNTEZEIT Sommer
TROCKNUNG Hängend an der Luft
HÖHE 45 cm
VERWENDETE TEILE Blütenstengel
Die papierartigen Blüten können an der Pflanze trocknen, sind aber sehr zart und nehmen oft Schaden, wenn man sie auf diese Weise trocknet.
ABGEBILDET S. 12, 58

Zea mays
Mais
FARBEN Orange, Gelb, Purpur
STANDORT Hell; fruchtbarer Boden
ERNTEZEIT Herbst
TROCKNUNG Aufrecht an der Luft
HÖHE 0,30–1,50 m
VERWENDETE TEILE Kolben
Es sind viele Maissorten im

Angebot. Die Sorte 'Rainbow' z. B. entwickelt kleine bunte Kolben, die nicht eßbar sind.
ABGEBILDET S. 11, 97

Zinnia elegans
Zinnie
FARBEN Gelb, Orange, Rot, Creme
STANDORT Sonnig; durchlässiger Boden
ERNTEZEIT Sommer
TROCKNUNG Durch Trockenmittel
HÖHE 5 cm (Blüten)
VERWENDETE TEILE Blüten
Diese bedingt winterharten Einjahresblumen aus Mexiko lassen sich gut mit Trockenmittel behandeln. Ihre leuchtenden Farben passen ausgezeichnet zu robusten herbstlichen Arrangements.

Register

Danksagung

Ich möchte Andreas Einsiedel für die Fotografien in diesem Buch danken, ebenso Sally Smallwood und Jane Laing für ihre ideen- und hilfreiche redaktionelle Arbeit. Ganz besonderer Dank gebührt Sue Newth und dem gesamten Personal bei Hillier und Hilton, 98 Church Road, London SW13, für ihre wunderbare Unterstützung. Und schließlich Dank an: Stephan Bennington, May Cristea, Kathleen Darby, Peter Day, June Henry, Veronica Hitchcock, Peter Machin, Jay Musson, Jenny und Richard Raworth, Alex Starkey, Josephine White und Roddy Wood.

Malcolm Hillier

Illustratoren:
Andrew MacDonald: Seite 20, 113, 119, 125, 130/131, 133
Lesli Sternberg: Seite 14/15, 19, 21, 24, 27/28, 30/31, 137–143.